PLAN D'ÉDUCATION NATIONALE,

En faveur des pauvres Enfans de la Campagne.

PAR LE COMTE DE THELIS.

M. DCC. LXXIX.

PLAN

D'Éducation Nationale, en faveur des pauvres Enfans de la Campagne.

LES idées de bienfaiſance & de patriotiſme n'ont jamais été accueillies avec plus de chaleur que dans le ſiècle où nous vivons ; & ſi le genre d'intérêt qu'elles inſpirent eſt proportionné, comme il doit l'être, au degré d'utilité qui peut en réſulter, combien n'ai-je pas lieu d'eſpérer que le plan que j'ai déja mis ſous les yeux du public en faveur de la claſſe de Citoyens la plus digne de compaſſion, excitera de plus en plus l'attention des ames honnêtes & ſenſibles ; à la vue des grands biens qu'on peut s'en promettre, & de ceux même qu'il commence à produire.

Ce n'eſt ni dans le tumulte des Villes, ni dans le ſilence de la retraite que ce plan a été conçu & médité ; c'eſt à l'aſpect des malheureux habitans de nos campagnes, & en dirigeant en quelque ſorte moi-même pour l'amélioration de mes terres, & pour le bien de mes vaſſaux, leurs travaux pénibles, que, vivement affecté du triſte ſpectacle de leur infortune, je me ſuis vu conduit par degrés aux projets dont l'exécution m'a ſemblé la plus facile & la plus propre à les ſoulager.

Des idées, que l'attendriſſement & la pitié, qu'un ſentiment d'humanité & l'amour du bien avoient fait naître, ſe ſont étendues à meſure qu'elles ſe ſont développées, & le déſir d'un bien plus grand encore les a liées inſenſiblement à de plus grands objets. Homme, Citoyen, Militaire, j'ai voulu ſervir mon Roi & ma Patrie, en travaillant à ſoulager des hommes.

J'avois gémi plus d'une fois ſur le triſte ſort de la plupart de ceux qui habitent la campagne, & qui ſouvent ſont réduits à manquer du néceſſaire ou par le défaut d'occupation, ou par le défaut de ſanté; mais j'étois bien plus touché encore de celui des Journaliers qui ont pluſieurs enfans. Je ſentois combien ils auroient beſoin d'être diſpenſés de la corvée, puiſqu'il eſt impoſſible à ces malheureux de procurer à leur famille une nourriture suffisante dans le tems même ou le grain est à bas prix (*a*).

Le soin que j'avois pris dans une de mes Terres située en Bourgogne, de faire élargir & réparer la communication de ma Paroisse à la grande route, m'avoit suggéré sur l'administration (*b*) des chemins des idées qui pouvoient réaliser en tout ou en partie le désir que je ressentois de la suppression des corvées (*c*) si onéreuses aux Agriculteurs & si préjudiciables à la culture des terres. Je me portois en conséquence avec un nouveau zèle à faire faire à prix d'argent (1) par des Soldats & des Paysans des chemins en Bourgogne & en Forest, soit dans mes propres Domaines, soit dans ceux des Propretaires qui vouloient bien y consentir; & j'éprouvai d'une manière plus sensible encore, combien de pareils travaux pouvoient être supérieurs à ceux des corvées, soit pour la promptitude & la facilité, soit pour la durée. Je remarquai aussi combien la précaution que j'avois prise d'associer les

(1) Voyez le Détail des travaux, après les Notes.

Soldats aux Payſans & de mettre un de ceux-là à la tête de dix de ceux-ci, contribuoit à avancer l'ouvrage & à le perfectionner.

Ces premiers pas ayant été faits avec aſſez de ſuccès pour m'encourager, je portai plus loin mes vues pour le ſoulagement des pauvres journaliers. Je compris qu'il ne ſuffiſoit pas, pour adoucir leur infortune, de les diſpenſer de la corvée, & propoſant de faire contribuer les propriétaires & les habitans des Villes, ce qui ſeroit cauſe, & que les travaux ſeroient payés, & que le public même y gagneroit, puiſque les chemins ſeroient beaucoup mieux faits & d'une manière bien plus durable. Ce ſalaire ſi légitimement dû à ceux qui portent pour nous tout le poids du jour & de la chaleur ne ſeroit en proportion avec leurs beſoins qu'autant que, libres de tout autre ſoin, ils n'auroient à penſer qu'à eux-mêmes. Mais comme la nature, en les rendant nos ſemblables, en en faiſant des hommes, les a deſtinés, ainſi que nous à être pères, & que ce ſont eux pour la plupart qui peuplent nos domaines ; comme le grand nombre d'enfans accable, comme nous l'avons dit, les Journaliers; que bien des Orphelins ſurchargent d'ailleurs les Paroiſſes; que les Veuves ne peuvent ſuffire à l'entretien des enfans qui leur reſtent; que la population ſouffre infiniment de la crainte qu'ont les Payſans d'une famille trop nombreuſe, qu'ils ſont hors d'état de nourrir; je penſai que ce ſeroit rendre le plus grand ſervice à eux & à toute la Nation, que de trouver les moyens d'élever quelques-uns de ces enfans, ſans qu'il en coûtât rien à leurs parens (*d*)

Le déſir de tirer de cette éducation le meilleur parti, non-ſeulement pour eux, mais pour l'Etat, me fit naître un nouveau projet, celui de leur donner une éducation Citoyenne & Militaire tout à la fois, de les former de manière qu'ils puſſent être par la ſuite ou de bons Soldats, ou de bons Cultivateurs, ou tous les deux à la fois.

Mon deſſein fut de les réunir, en conſéquence, au nombre de douze ou quinze par chaque établiſſement, ſous l'inſpection de deux ou trois anciens Militaires ſuffiſamment éprouvés du côté de la Religion & des Mœurs. Ils devoient apprendre dans cette école; premièrement, tout ce qui peut leur donner des principes de Religion, puisqu'il eſt reconnu, par une longue expérience, que ceux qui en ont, ſont ceux qui ſervent le mieux le Prince & la Patrie; 2°. tout ce qui peut en faire de bons Soldats, en les formant aux exercices militaires, & en les endurciſſant à la fatigue & au travail; 3°. ce qui peut en faire des ouvriers dans les genres les plus néceſſaires aux travaux de la Campagne, des Pionniers, des Charpentiers, & des Maréchaux, leſquels y ſont malheureuſement trop rares, & trop peu inſtruits.

A peine ce plan a-t-il été conçu & propoſé qu'il a reçu l'accueil le plus favorable de Sa Majeſté, de toute la Famille Royale, de toutes les perſonnes en place, des Miniſtres étrangers, des Militaires les plus diſtingués, & de la plus ſaine partie du public; dont je finirai par détailler les ſuffrages.

Comme il pourroit cependant reſter quelques nuages à cet égard dans l'eſprit de ceux qui ſe préviennent trop aiſément contre les nouvelles inſtitutions, j'ai cru, devoir répondre en peu de mots au petit nombre de difficultés qu'on m'a faites.

Pourquoi, m'a-t-on dit, ne voyons-nous de toute part que des institutions militaires : il n'y a déja que trop de Soldats, & pas assez de Laboureurs.

Pour faire sentir tout le foible de cette première objection, nous observerons d'abord que nous nous bornons dans notre plan, à élever parmi les enfans des Paysans, ceux qui ne peuvent que surcharger leur famille ou leur Paroisse, & qui, forcés par l'indigence, s'expatrieroient un jour d'eux-mêmes pour rester dans la Capitale, si nous n'avions pas soin de les recueillir.

Nous observerons en second lieu que la France ne peut diminuer le nombre de ses Soldats ; puisqu'il est reconnu que quoique naturellement militaire par son esprit & par sa constitution, elle n'en a cependant pas, proportion gardée, autant qu'en ont les autres Puissances de l'Europe.

Mais d'ailleurs notre plan ne les augmente pas, la plupart de nos Soldats nous viennent de la Campagne. C'est en général ou le libertinage, ou la grande misère qui les rend tels ; d'où il n'arrive que trop souvent que ce sont des Soldats sans vocation, si je puis m'exprimer ainsi, ou qui n'en ont d'autres que celle du motif qui le détermine, & qui s'allie difficilement avec les grands ressorts du Patriotisme & de l'honneur.

Que faisons-nous donc dans notre plan, si ce n'est de nous mettre en état de mieux choisir, en formant de vrais Soldats au lieu de mercénaires, en préparant pour défenseurs à la patrie des hommes affectionnés à leur état, & qui agissent plus par principes, par zèle, par amour du devoir, que par esprit de licence, par contrainte, & par intérêt? Ne croyons pas en effet que ceux qui naissent dans des classes que nos préjugés nous font regarder comme abjectes, soient par cela même incapables de recevoir des principes & de s'élever à de plus nobles motifs. La nature leur donne un cœur comme à nous, elle les rend comme nous susceptibles d'éducation, & c'est l'éducation qui fait les hommes.

A l'égard des Agriculteurs, nous n'en diminuons pas le nombre, mais bien celui des mendians & des vagabonds; nous formons au contraire pour la Campagne des sujets propres à remplir ce que ses travaux ont de plus difficile. Ce n'est pas précisément pour le labourage qu'on en manque, il est dans l'Agriculture ce qu'il y a de plus aisé & de moins pénible. Mais ce qui nous manque essentiellement, ce sont les Pionniers, dont l'art est après tout ce qu'il y a de plus utile en ce genre & ce qui exige les connoissances les plus variées. Nous ne trouvons presque de Pionniers que dans le petit canton du Velai, encore ne savent-ils ni niveler, ni calculer le transport des terres. A l'art du Pionnier nous joignons dans notre plan d'éducation, ceux du Maréchal-Taillandier, & du Charpentier-Charron; & nous formons ainsi des hommes propres à tout, ou qui du moins peuvent choisir conformément à leur goût & à leurs talens; ce qui leur conviendra le mieux, & qui par là même contribuera le plus à l'utilité publique.

Mais en second lieu, peut-on faire entrer dans une même éducation, m'a-t-on dit encore, deux états si différens, celui de Militaire & celui d'Agriculteur; & de leur nature ne sont-ils pas inaliables?

Non, sans doute, les anciens peuples, les peuples les plus militaires & les plus célèbres ne les ont pas regardés comme tels. C'étoient autrefois des ſoldats qu'on employoit à la conſtruction des chemins & des canaux (*e*). C'étoient des ſoldats qui, au retour de leurs expéditions, cultivoient leurs propres champs (1) au ſein de leur famille, & qui employoient comme les autres Citoyens leur travail & leur induſtrie à fertiliſer les campagnes : c'étoient des ſoldats qui, mieux exercés que ne le ſont les nôtres, faiſoient avec plus de force & d'adreſſe ce que ceux-ci font encore aujourd'hui, quoique plus imparfaitement; qui fortifioient les camps, qui les environnoient de paliſſades, qui creuſoient des foſſés, qui formoient des retranchemens, qui conſtruiſoient des redoutes, qui élevoient des remparts; qui joignoient ainſi ou des travaux ruſtiques, ou des opérations dures & pénibles, aux fonctions militaires.

Le ſoldat n'a pas toujours les armes à la main, il a des heures dans le jour & des tems dans l'année d'inutilité & de déſœuvrement, unique cauſe peut-

(1) Le Roi de Suède, dont on admire l'adminiſtration, donne à ſes Soldats une certaine portion de terrain à cultiver pour leur tenir lieu de ſolde.

être des vices qu'on lui reproche : & ces heures pourroit-il mieux les employer qu'à ce qui le rend plus propre à soutenir les fatigues de la guerre, & à en remplir tous les devoirs ? Peut-on mieux faire que de lui fournir par une éducation convenable, les moyens d'allier comme il faut des objets qui tiennent de si près l'un à l'autre, & de redevenir même Agriculteur hors le tems du service ?

C'est peut-être dans ce Plan qu'on pourroit lui permettre de se marier, & que par ce nouveau lien, bien plus étroit que ceux des institutions politiques, on l'attacheroit plus irrévocablement & plus fortement à la Patrie, en l'attachant à ses propres foyers & à sa famille.

C'est aussi dans ce même Plan que les vieux Militaires n'auroient plus besoin de redevenir de simples artisans ; ils pourroient présider à l'institution des jeunes Elèves, & on les choisiroit pour cette fonction honorable dès qu'ils se seroient montrés irréprochables ; s'ils ne l'étoient pas, on les laisseroit vivre de leur labeur pénible & de la modique paye qu'on leur donne pour retraite.

Troisièmement enfin, & c'est l'objection ſur laquelle on a le plus inſiſté ; n'eſt-il pas à craindre que les enfans des payſans formés par cette éducation Citoyenne & Militaire, ne contractent un jour, en ſe mêlant avec les autres ſoldats, les vices de cet état, & ne les rapportent bientôt dans leur village & au ſein de leur famille ?

Cette crainte, répondons-nous, eſt bien moins fondée dans notre Plan, qu'elle ne le ſeroit ſans lui ; on ne peut pas empêcher que dans des temps de ſemeſtre ou même de réforme, les ſoldats que la misère toute ſeule aura faits, ne retournent au lieu de leur naiſſance ; & qu'y feront-ils s'ils n'ont reçu d'autre éducation que celle que les habitans de la campagne donnent pour l'ordinaire à leurs enfans ? Elevés pour la plupart ſans principes, ſans mœurs, n'ayant fait d'autres métiers dans leur enfance que celui de mandier ou de courir les champs, mêlés indiſtinctement les uns avec les autres, & tout au plus attachés à la garde des beſtiaux, ils raporteront ſans doute de l'armée leurs anciens vices, en y joignant tous ceux qu'un nouveau genre de vie leur aura fait contracter ; & par leur exemple, ils acheveront de corrompre dans leur village ce que la vie champêtre peut y conſerver encore d'innocence & de ſimplicité. Mais ſi l'honneur au contraire les a attachés au ſervice du Prince & de la Patrie, s'ils ont reçu une éducation ſoignée, ſi l'on s'eſt rendu attentif au moment où l'on pouvoit les expoſer à la licence des camps avec moins de danger, ils ſe trouveront préſervés bien plus ſûrement de la contagion des vices par ces précautions mêmes qu'ils n'auroient pu l'être ſans elles, ils conſerveront bien plus aiſément un fond de ſentiment & de régularité, parce que leur éducation mâle, vigoureuſe, toujours active, & ſuffiſamment éclairée, aura porté ſur une baſe ſolide. Ils auront contracté de bonne-heure le goût du travail, & de retour chez eux ils aimeront à s'y livrer. Ils iront s'exercer dans la même école où ils auront été formés (*f*), ou ils s'employeront aux autres travaux de la campagne, pour leſquels ils ſerviront aux Payſans d'objets d'émulation, de guides & de modèles.

Puiſque ce n'eſt que du genre d'éducation qu'on leur donne, qu'on doit attendre de pareils effets, on conçoit aſſez que c'eſt ſur cela que ſe ſont portées en dernier reſſort toutes mes vues: on a beaucoup parlé depuis quelque-temps d'éducation nationale, on en conçoit l'importance & la néceſſité. On avoue que ſi les choſes ſubſiſtent ſur le pied ſur lequel elles ſont aujourd'hui, la corruption, en ſe fortifiant & ſe répandant de toute part, deviendra telle, que dans les générations futures, elle entraînera néceſſairement la perte de notre conſtitution, & non plus ſeulement la décadence, mais la ruine de notre Empire. On ſent que tout tend à s'iſoler de plus en plus, qu'un intérêt particulier, triſte fruit de faux principes & de fauſſes maximes, prend partout la place de l'intérêt public & du concours des volontés vers le bien général. On comprend que ce n'eſt qu'en formant au milieu de nous une génération toute nouvelle, & en pouſſant toutes les volontés vers le même but par l'accord ſoutenu des mêmes principes, par une éducation commune, applicable dans ſes modifications aux différentes claſſes de Citoyens, par des enſeignemens clairs & précis, par des leçons, par des inſtitutions vraiment patriotiques & nationales qui ſe répondent d'une extrémité du Royaume à l'autre, que l'on pourra venir à bout de rendre à l'Etat ſon ancienne ſplendeur, & à ſes membres leur ancienne énergie. C'eſt de la force morale que dépend en effet la force réelle d'une nation ; & ſes facultés phyſiques, de quelque eſpèce qu'elles puiſſent être, n'auront jamais qu'une action très-foible & très-bornée, ſi les eſprits, à moitié dégradés, y ſont preſque ſans élevation, ſans force & ſans vigueur. Voilà ce que tout le monde comprend aſſez ; & ce que l'on répète quelquefois dans les livres & dans les ſociétés.

Mais il ne ſuffit pas de le dire, c'eſt à réaliſer autant qu'il ſe pourra ces idées d'éducation nationale parmi la claſſe de Citoyens la plus nombreuſe, & la plus digne, après tout, de nous intéreſſer par ſa misère, par les ſervices qu'elle nous rend & que nous lui payons ſi mal, par ſa vaſte étendue qui renferme la plus grande partie de la Nation, que pourra ſervir déſormais le plan qui s'exécute déja en partie ſous les yeux du public. Lorſque je l'ai annoncé pour la première fois dans un ſiècle, où les mots ſacrés de patriotiſme, d'humanité, de bienfaiſance, ſont ſi fort en honneur, mais où l'on passe si légèrement sur la chose même qu'ils expriment, & où une suite d'idées conséquentes ne sert le plus souvent qu'à le faire paroître impraticable ; j'ai compté sur des difficultés, puisqu'il s'agissoit de faire le bien, & j'en ai rencontré ; mais elles se sont applanies. Un Monarque, à qui l'on craint de donner des louanges parce qu'il se montre de jour en jour supérieur à toutes celles qu'on peut lui donner, un Monarque si jeune encore, & qui a fait asseoir sur son Trône la Religion, la Sagesse & la Bonté, a jetté sur mes premiers projets un regard favorable ; le Ministre sur les lumières duquel, son zèle pour le bien se repose avec une confiance si justement méritée, a daigné les encourager ; une jeune Reine, qui aspire à régner sur nous par les bienfaits, a contribué par ses dons à les réaliser. Assimilés par de si grands exemples, des personnes de tout rang ont voulu concourir à leur exécution ; j'ai vu avec plaisir s'étendre les moyens de faire le bien, un Citoyen qui ne trouve dans son rang & sa naissance qu'une obligation de plus d'y contribuer, M. le Duc de Charost, va former dans ses terres un établissement sur le modèle de celui que j'ai commencé à former dans les miennes. C'est de concert avec lui que je vais en faire un autre à peu de distance de Paris, afin que le public puisse juger par lui-même du succès qu'on a droit d'en attendre. Nous l'avouerons cependant, il ne falloit pas moins qu'un pareil motif pour nous déterminer, dans la crainte où nous sommes que la proximité d'une grande Ville, ne balance, par des inconvéniens trop réels, les avantages qui, pour la perfection des instrumens, le choix des ouvriers, & l'instruction des élèves, semblent devoir en résulter.

Tel est au reste le plan de ces établissemens.

Premièrement, en se proposant de donner une éducation nationale, & qui soit tout à la fois Citoyenne & Militaire aux enfans de la campagne, on choisit dans chaque pays les plus pauvres, en préférant les orphelins aux enfans des veuves, ceux-ci aux enfans des pauvres journaliers, & parmi ces derniers ceux qui font partie des familles les plus indigentes & les plus nombreuses.

Secondement, on les reçoit à l'âge de 12 à 13 ans, & on compte les garder jusqu'à 16, ou même au-delà, selon qu'ils paroîtront plus ou moins formés, & que l'on pourra faire plus ou moins de fonds sur leurs dispositions. En général & par raport au plus grand nombre, on pense qu'il ne faudroit tirer de ces écoles ceux qui se destinent à être soldats, qu'à l'âge de 20 ans, au plutôt, pour faire la guerre; ils auroient alors des ames vertueuses & des corps vigoureux que les dangers n'effrayeroient point, que les fatigues ne rebuteroient point ; & que les mauvais exemples ne pervertiroient pas.

Troisièmement, en s'éloignant autant qu'on le peut des villes, par les mêmes raisons qui nous ont fait balancer long-temps à former un établissement à la porte de la Capitale, on se borne dans chaque endroit à douze ou quinze Elèves, dans la crainte que s'ils étoient en plus grand nombre, il ne fût moins facile de les bien élever, & que leurs mœurs ne courussent un plus grand danger de se corrompre. Si d'ailleurs on s'appercevoit que l'un deux, à quelque âge que ce fût, donnât des indices d'une perversité déja formée, il seroit à l'instant renvoyé sans pitié.

Quatrièmement, on met à leur tête

un Commandant en chef, & ſous lui deux Adjoints, choiſis, ainſi que le Chef, parmi les Militaires, qui dans les troupes jouiſſent de la meilleur réputation, comme étant reconnus généralement pour les plus braves & les plus vertueux. Chaque Adjoint a toujours avec lui dans les travaux, ſept ou huit Elèves dont il rend compte journellement au Commandant, qui ſeul a droit de les punir, afin d'épargner aux jeunes gens des châtimens indiſcrets plus propres à les aigrir qu'à les former. Si parmi ces trois Militaires il ne s'en trouve point qui ait déja les talens propres à former les Elèves aux différens arts qu'on veut leur faire apprendre, on ſe procurera dans chaque établiſſement les plus habiles ouvriers, & un Ingénieur s'il le faut pour mieux diriger leurs opérations,

Cinquièmement, les Dimanches & les jours de Fêtes, après le ſervice, le Commandant exerce les Elèves aux évolutions militaires, ainſi qu'à la chaſſe des loups, des renards & des autres animaux, qui, dans de certains cantons, dévaſtent les campagnes, ſi les Seigneurs veulent bien y conſentir. L'un des Chefs préſide dans tous les tems à leurs récréations, dont les intervalles sont fixés de manière à les soulager, autant qu'il le faut, de la fatigue des exercices & du travail.

Sixièmement, les jours ouvriers on les emploie à la confection des chemins, des canaux & autres travaux utiles à chaque canton dans lequel ils se trouvent.

Septièmement, on consacre chaque jour un certain tems plus ou moins considérable, selon la saison & selon les circonstances, à ce qui concerne leur instruction, relativement à la Religion & aux principes du véritable honneur & du Patriotisme. C'est dans ces principes sur-tout que doit consister cette éducation nationale, qu'il seroit si essentiel d'adapter aux différentes classes de Citoyens (*g*). Un livre élémentaire court, précis, plein de force & de clarté, seroit certainement ce qui répondroit le mieux à nos vues, & nous ne désespérons pas de voir un jour nos désirs se réaliser à cet égard (1).

---

(1) Eh pourquoi ne feroit-on pas avec un zèle encore plus éclairé ce qu'on s'est proposé de faire dans le vaste Empire de la Russie. Voyez les *Plans & les Statuts des différens*

D'après le plan abrégé que nous venons d'exposer, & des observations qui l'ont précédé, ne devons-nous pas espérer que l'on distinguera nos jeunes Elèves des soldats qui ne sacrifient ni leur vie, ni leur liberté pour le service de l'Etat, & de ceux mêmes qui ne sacrifiant que leur liberté, sont assujettis à la discipline militaire sans jouir de la considération qu'elle procure ? Ce sont ici de vrais soldats, de bons Agriculteurs, ou tous les deux à la fois que nous formons. Destinés pour la plupart à porter les armes pour le service du Prince & de la Patrie, dès que leur âge, leurs dispositions & leurs forces le leur permettront, ils feront corps avec les autres soldats, & s'il s'établissoit entre eux quelque distinction, ce ne pourroit être que celle qui naîtroit en faveur de ceux-là, de la grandeur des vues, de la noblesse des motifs, de la force & de la solidité des principes dont ils auront été redevables à une meilleure éducation.

établissemens ordonnés par Sa Majesté Impériale Catherine II. T. I, Ch. X, qui a pour titre, *Essai sur la manière de Composer. . . . Un très petit livre moral qui renferme toutes les connoissances essentielles à nos Elèves.*

L'ignorance, la frivolité, la malignité, peut-être, qui dénaturent les meilleures institutions, pourront se faire un jeu de dénigrer cet établissement; mais le public sensé & équitable, mais les hommes éclairés & les vrais Patriotes y applaudiront comme ils l'ont déja fait, ils l'ennobliront encore par l'encouragement qu'ils y donneront, & par le soin qu'ils daigneront prendre d'y concourir, de l'étendre & de le perfectionner.

NOTES.

NOTES.

PAGE 5.

(a) *Puisqu'il est impossible à ces malheureux de procurer à leur famille une nourriture suffisante dans le temps même où le grain est à bas prix.*

CETTE vérité n'est pas difficile à démontrer. Dans la plupart des Provinces du Royaume, les journaliers peuvent à peine gagner cent quatre-vingt livres par an ; la plus médiocre nourriture qui est du pain de seigle dont le son n'est point ôté, & quelquefois une mauvaise soupe, coûtent quatre-vingt livres; qu'on ajoute à-peu-près la même somme pour la nourriture de leur femme, il ne restera environ que vingt livres pour leur vêtement & logement. Que deviendront donc leurs enfans ? Quelles ressources auront-ils pour les nourrir, sur-tout si le nombre en est grand, si leur santé s'altère, si les grains augmentent de valeur ? On dira peut-être que les femmes peuvent fournir à leur nourriture par leur travail ; mais on sçait que dans presque tout le Royaume elles n'ont cette faculté que dans le temps des foins , des moissons & des vendanges ; encore même celles qui ont des enfans à soigner sont-elles privées de cette ressource. Dans le reste de l'année elles peuvent à peine gagner trois sols chaque jour par la filature.

PAGE 5.

(*b*) *M'avoit suggéré sur l'Administration des Chemins des idées.*

De toutes les charges publiques, la plus juste , la plus utile, & la plus nécessaire à supporter , est sans contredit la confection des chemins. C'est celle qui procure le plus d'avantages à tous les Citoyens. Mais si tous en profitent, tous doivent donc y contribuer; & si dans des siècles barbares on a assujetti à cette contribution les revenus ecclésiastiques, y a-t-il quelque espèce de revenus qu'on puisse en exempter dans un siècle éclairé. Tous les membres de la Nation devroient donc contribuer à cette dépenſe, & y contribuer chacun en raiſon de ſes facultés. Car, ce ſont, dans le fait, les facultés ſeules qui doivent être taxées, & non les perſonnes, pour éviter les plaintes du Clergé & de la Nobleſſe dont on ne peut, en effet, exiger des corvées. L'un & l'autre payeroient cependant ſans ſe plaindre ſi l'impoſition étoit établie ſur les conſommations; ils payeroient de même ſi l'impoſition étoit perçue ſur les chemins à des barrières, ainſi que cela ſe pratique dans pluſieurs Etats de l'Europe; mais ces ſortes de perceptions étant plus difficiles, plus diſpendieuſes, & plus à charge à la Nation, par la perte du temps des employés, il paroît plus convenable de répartir cette impoſition ſur les propriétés de chaque Paroiſſe de la manière ſuivante.

Pour faire une répartition exacte, & ſans frais, il faudroit d'abord que chaque Paroiſſe ſe nommât un Juge, pardevant lequel chaque Propriétaire expoſeroit ſes facultés, qui pourroient être contredites par les autres Parties intéreſſées. Si le premier rôle avoit quelque défaut, le ſecond en auroit moins, le troiſième encore moins, &

le Juge fixeroit définitivement les cotes après la cinquième ou sixième assemblée. C'est ainsi qu'on le pratique pour les réparations des Eglises & des Presbyteres, dont il n'y a pas d'exemple que le Gouvernement ait jamais pris les deniers, & c'est aussi l'imposition la mieux proportionnée qui se soit faite jusqu'à présent. Il seroit juste que les Fermiers payâssent jusqu'à la fin de leurs baux ce qu'ils ont toujours payé, puisque cette contribution faisoit partie de leurs conditions. Les habitans des Villes, qui jouissent, presque exclusivement à ceux des campagnes, de toutes les douceurs de la vie, les Rentiers, & les Pensionnaires de l'Etat devroient aussi participer à ces dépenses dans la même proportion que les campagnes.

Quant à l'emploi de l'argent, il seroit nécessaire que chaque Paroisse fût chargée de la construction & entretien des routes de son territoire, elles y apporteroient certainement plus de vigilance & de soin, que ceux qui n'y ont qu'un intérêt indirect, éloigné & divisé : d'ailleurs les travaux de quelque nature qu'ils soient, ne sont jamais bien exécutés qu'autant qu'ils interesſent ceux qui les font, ou qui les font faire.

Dans le cas où les troupes ſeroient employées à ces ſortes de travaux, il ſeroit juſte que chaque Paroiſſe qui payeroit une partie de la dépenſe faite dans ſon territoire, conſervât toujours le droit d'inſpection, en ſe conformant aux Règlemens preſcrits par le Souverain, ce qui obligeroit les Militaires à conſerver toujours le même zèle.

Ce Règlement pourroit fixer la largeur des chemins de Ville à Ville, capitale de Province, à vingt-quatre pieds, non compris les foſſés qui en auroient ſix; la largeur des chemins de Ville à Ville de ſeconde claſſe, à vingt pieds, & celle des foſſés à cinq; la largeur des chemins de Paroiſſe à Paroiſſe, & de Village à Village, à ſeize pieds, & celles des foſſés à quatre. Les trois quarts de la largeur de ces chemins ſeroient pavés ou ferrés, lorſque le terrein l'exigeroit. A l'abord des Villes, ou dans quelques endroits particuliers, on pourroit déroger à la Loi, après en avoir conſtaté la néceſſité entre les Commiſſaires du Roi & les Propriétaires contribuans, par la voie de leur Repréſentant, ſoit pour élargir les chemins plus que la Loi ne le prescrit, soit pour suspendre encore l'exécution de la Loi pendant quelques années, pour ne pas jetter les Communautés dans de trop grandes dépenses tout-à-coup ; mais on exigeroit toujours dès la première année un élargissement par intervalle dans les chemins trop étroits.

Les pentes ne devroient pas excéder cinq pouces par toise pour les grandes routes, six pouces pour les routes moyennes, & sept pouces pour les petites.

Tout espece de dommage devroit être payé aux Propriétaires, un quart en-sus de sa valeur, selon l'estimation faite par des Experts pris sur les lieux en présence des Propriétaires des Paroisses contribuantes ; & la dépense en seroit répartie de la même maniere qu'il a été dit, sauf à réunir plusieurs Paroisses lorsque ces dépenses seroient trop considérables pour être supportées par une seule.

Chaque Paroisse devroit être tenue d'entretenir tous ses chemins bombés & unis, en tout temps de l'année, & de rendre publics les devis & adjudications qu'elles auroient la liberté d'en faire au rabais, pour que les découvertes qu'on pourroit faire en ce genre ſe multipliâſſent. On publieroit auſſi le détail des travaux faits par les Militaires, de ſorte qu'en comparant ces différentes expériences ſous les yeux des habiles Ingénieurs dont la France eſt pourvue, toutes les routes du royaume ſeroient bientôt en bon état.

Il ſeroit ſur-tout néceſſaire de nommer un Commiſſaire pour la direction des chemins d'un certain nombre de Paroiſſes, lequel auroit droit de les changer de place, lorſqu'il ſeroit jugé convenable. Voici un exemple qui en prouve bien la néceſſité : il y a huit ans que je fis réparer dans la Paroiſſe du Breuil un chemin paſſant dans un ravin, qui dans un endroit avoit vingt pieds de profondeur; il en coûta quatre-vingt journées pour le niveler & l'élargir ſeulement d'un pied ; les eaux l'ayant dégradé peu de jours après, on le tranſporta ſur le haut du ravin, dont le terrein valoit au plus vingt-quatre livres. Cette opération coûta cinquante journées, & le nouveau chemin, à l'abri des eaux & bien aſſis, a dix-huit pieds de large. Trois mille livres n'auroient pas ſuffi pour donner cette dimenſion à l'ancien. Il n'y a pas de Paroiſſe où ces exemples ne ſoient en grand nombre.

Il n'y auroit aucun inconvénient à faire ces changemens, dès qu'on payeroit toute eſpece de dommage. Il ne reſteroit plus qu'à dreſſer à ce ſujet un procès-verbal qui pourroit ſervir aux Seigneurs pour leurs droits ſeigneuriaux, ou aux Propriétaires mêmes.

Le défaut de liberté ſur cet article, joint à l'indifférence des Propriétaires & à leur intérêt mal entendu, a été cauſe juſqu'à préſent que la plupart de ces chemins ſont par-tout en mauvais état, ce qui prive les campagnes du bien-être qu'y procureroient les gens aiſés & les gros Propriétaires, ſi les chemins en étoient praticables.

Il feroit ſur-tout abſolument néceſſaire que les Repréſentans de chaque Paroiſſe fuſſent libres de faire des obſervations & des repréſentations ſur les devis des Ingénieurs qui ſont nommés par les Commiſſaires du Roi pour les grandes routes, ſinon la dépenſe de ces ſortes d'ouvrages excéderoit ſouvent les facultés des Contribuables. Ces repréſentations ayant lieu, les Propriétaires ne pourroient plus offrir de l'argent pour ménager leur propriété, abus qui a jetté souvent le Public dans des dépenses beaucoup plus fortes qu'elles n'auroient dû l'être. D'ailleurs ces mêmes Propriétaires n'en auroient pas seulement la volonté si tous les dommages étoient payés comme nous l'avons proposé.

Les Intendans seroient encore moins embarrassés, si des Militaires instruits, généreux, & intéressés à protéger leur canton, joignoient leurs représentations à celles des Paroisses. Avantage que procureront nos établissemens. Les abus seroient alors impossibles, & l'administration pourroit se faire gratuitement. Car lorsque l'administration est éloignée, l'intérêt s'affoiblit, & l'argent seul fait mouvoir les Administrateurs.

L'expérience nous en fournit tous les jours de terribles exemples. Les adjudications des ponts d'une Province se font-elles dans la Capitale? Elles sont bien données pour la forme au rabais; mais les ponts coûtent quelquefois le quadruple de leur valeur. Si au contraire le Roi permettoit à chaque Paroisse de se nommer un Représentant pour veiller à l'intérêt commun, ces abus, & ceux qu'on ne peut prévoir ne pourroient avoir lieu; les Intendans ſeroient mieux inſtruits; ils pourroient rendre au Roi de plus grands ſervices & au peuple une juſtice plus exacte.

C'étoit ſans doute la crainte de tous ces abus qui avoit allarmé les Magiſtrats ſur l'Edit du mois de Février 1776; habitués à réfléchir, ils prévoyoient les ſuites de ſon exécution, qui annonçoit cependant, de la part du Gouvernement, l'envie de ſoulager les malheureux.

Ce même eſprit règne encore; il faut tout eſpérer de notre ſage & bienfaiſant Monarque. Dans la plupart des Provinces du Royaume on a déja adouci le poids des corvées en faveur des Journaliers, & une nouvelle adminiſtration établie en Berry annonce combien notre Prince & ſes Miniſtres ont à cœur le bonheur des peuples.

PAGE 5.

(c) *Le déſir que je reſſentois de la ſuppreſſion des corvées ſi onéreuſes aux Agriculteurs, & ſi préjudiciables à la culture même des terres.*

L'uſage de faire faire les chemins par corvée a des inconvéniens ſans nombre.

1°. Le malheureux Journalier eſt hors d'état, comme on l'a prouvé, de gagner ſa ſubſiſtance, ainſi, c'eſt lui en retrancher une partie que de l'aſſujettir à la corvée.

2°. Le Cultivateur ne ſe détourne jamais de ſes travaux ordinaires qu'il ne perde un temps précieux, & il l'eſt d'autant plus que certains jours en valent trois pour un Cultivateur, pendant que ſon travail ſur un grand chemin ne vaut pas la moitié de celui d'un homme qui y ſeroit habitué. On peut bien choiſir les ſaiſons où les travaux de la campagne preſſent le moins pour ordonner les corvées, mais il eſt impoſſible de choiſir les jours, parce qu'il faut les annoncer à l'avance aux Prônes des Paroiſſes : d'ailleurs les chemins exigent des réparations journalieres, qui n'étant pas faites à propos, rendent la dépenſe plus forte, & ſont cauſe que les chemins ſe dégradent de plus en plus, & reſtent pluſieurs mois de ſuite en mauvais état.

3°. Les corvées, pour être utiles, exigeroient un nombre prodigieux d'Ingénieurs & de Directeurs, leſquels auroient encore beaucoup de peine à faire entendre aux Cultivateurs un art qui leur eſt étranger : auſſi faut-il refaire nombre de fois les ouvrages faits par les Corvéables qui n'ont pas tous les outils propres à ce genre de travail ; de ſorte que les chemins conſtruits ou réparés par corvées coûtent beaucoup plus que ceux qui ſe font à prix d'argent, & ne peuvent jamais être auſſi bien faits.

4°. Les corvées étant toujours ſupportées par les payſans & les gens les plus pauvres, il en eſt peu qui puiſſent ſe plaindre des abus qu'elles entraînent, de ſorte que le Cultivateur eſt vexé, pendant que le Propriétaire aiſé s'amuſe. Celui-ci ne voit pas néanmoins que cette impoſition lui coûte quatre fois plus que s'il l'eût payé lui-même ; ſi en payant, il s'occupe de ſon plaiſir, la culture va toujours ; il n'en eſt pas de même du Cultivateur, tout le monde y perd lorſqu'il eſt détourné.

5°. Le Cultivateur ne peut ſe tranſporter à deux & trois lieues de chez lui ſans dépenſer le double, & quelquefois le triple de ce qu'il dépenſeroit à ſon ménage ordinaire ; ſes beſtiaux font un chemin en pure perte, & ſes voitures auſſi ; tandis que des ouvriers qui forment un établiſſement ſur les lieux ſe procurent tout ce qui leur est nécessaire à meilleur compte, & ne perdent pas un instant. Ce qui se pratique dans la Généralité d'Alençon prouve bien la vérité de ce fait; toutes les Communautés, depuis nombre d'années, y préfèrent toujours l'adjudication au rabais, à la corvée. Il ne leur en coûte que cinq sols par livre de la Taille, tandis que les corvées coûtent plus que la Taille aux Paroisses qui y sont assujetties.

PAGE 7.

(*d*) *Je pensai que ce seroit rendre le plus grand service à eux, & à toute la Nation que de trouver les moyens d'élever quelques-uns de leurs enfans, sans qu'il en coûtât rien à leurs parens.*

Convaincu que l'agriculture est le premier des arts, puisque les productions de la terre sont les seules véritables richesses; je pensai que le métier le plus essentiel à apprendre aux enfans pauvres, étoit celui de Pionnier, dont l'art pénible tend à multiplier & à favoriser tous les genres de production. Je remarquai ensuite qu'une agriculture florissante maintenoit des mœurs plus pures, & procuroit une population plus abondante & des corps plus vigoureux; d'où il falloit conclure que les établissemens les plus utiles étoient ceux qui favorisent l'agriculture & facilitent les transports. Outre ces raisons d'Etat, l'expérience m'en a fourni encore d'autres.

La Religion & l'humanité déterminent souvent les hommes à la bienfaisance, mais il en est peu qui aient le courage d'examiner les moyens de la diriger. Il est cependant des cas où une charité mal faite devient plus nuisible qu'utile.

Si on distribue du bled aux pauvres des Paroisses sur le rapport des Curés, ils favorisent quelquefois, sans le vouloir, le plus aisé au préjudice du plus pauvre. Si on a le temps de consulter quelques-uns des principaux habitans, l'aumône sera un peu mieux répartie; mais les paresseux restent dans l'inaction jusqu'à ce que le bled soit mangé. Si on augmente leur journée en raison du nombre de leurs enfans, il faut les veiller continuellement. Si enfin on les fait travailler à la tâche, & qu'on augmente les prix en proportion de leurs besoins, ils travaillent mal, ou prennent d'autres ouvriers pour augmenter leurs profits, ce qui prouve que la mauvaise éducation rend d'abord les hommes paresseux, & la paresse les rend ensuite frippons.

Apres avoir éprouvé toutes ces ruses & avoir médité sur les moyens d'y remédier, j'ai cru que la charité la plus utile étoit celle que je propose après l'avoir pratiquée. A Dieu ne plaise que je veuille critiquer les aumônes faites aux pauvres honteux, aux malades, & toutes celles enfin de l'emploi desquelles on est assuré ; mais je pense que si on suivoit avec soin les charités faites dans les Villes, on découvriroit facilement qu'une partie de l'argent qu'on y donne, ne sert qu'à entretenir le luxe & la paresse.

Ces abus augmentent tous les jours en raison du nombre des riches qui habitent les Villes ; mais quand on ne feroit qu'épargner les frais de transport des denrées qui sont consommées sur les lieux, lorsque les charités sont faites dans les campagnes, quel profit ne seroit-ce pas pour les malheureux ? D'ailleurs comment les pauvres ne participeroient-ils point aux vices & au luxe qui ſont inſéparables des Villes, puiſque les Adminiſtrateurs des charités publiques, entraînés eux-mêmes, par un exemple contagieux, font ſouvent des dépenſes inutiles, qui privent des reſſources les plus néceſſaires une infinité de perſonnes qui languiſſent dans le beſoin. Qu'on compare l'emploi des charités qu'on propoſe avec quelques-uns de celles qui ſont faites dans les Villes, & on verra leſquelles ſont préférables.

PAGE 12.

(c) *C'étoient autrefois des Soldats qu'on employoit à la conſtruction des Chemins & des Canaux.*

Il eſt des dépenſes dont le Souverain doit ſeul ſe charger, parce qu'elles n'intéreſſent pas chaque membre de la Nation en particulier. Les dépenſes de ce genre ſont les places de guerre, les ports de mer, les places, les quais, &c. Nul Particulier n'étant intéreſſé à ſolliciter des dépenſes de cette eſpèce, il n'eſt jamais dangereux que le Gouvernement ſoit aſſailli par de telles ſollicitations;

mais il n'en eſt pas de même des dépenſes qui intéreſſent directement quelques Propriétaires, tels que les ponts, les chemins, les canaux, la navigation des rivieres. Ce genre de dépenſe intéreſſe plus certains Particuliers que d'autres, & il ſeroit très-dangereux que le Souverain les payât, parce que les Propriétaires les plus en crédit, obtiendroient pour leur intérêt particulier des dépenſes qui ſeroient payées par une infinité de perſonnes qui n'y auroient qu'un intérêt médiocre; de plus, les Solliciteurs n'auroient aucun intérêt à l'économie des travaux. Pour une plus grande commodité, ou même pour une décoration, on ſacrifieroit des fonds qui pourroient vivifier d'autres cantons ou d'autres Provinces.

Le Souverain doit ſeulement protéger toutes les entrepriſes que les Propriétaires lui propoſeront pour augmenter les communications de toute eſpèce; mais doit-il abandonner l'entrepriſe des canaux à des Compagnies ou à des Actionnaires? Voilà les deux derniers moyens qui reſtent à examiner, puiſque le premier paroît ſi dangereux, qu'il n'y a pas lieu de préſumer que les Souverains qui règnent ſur des Nations éclairées, veulent désormais se charger de ces sortes de dépenses.

Si des Compagnies se chargeoient de l'entreprise des canaux, il en résulteroit plusieurs inconvéniens. 1°. Les Compagnies excluroient d'abord toutes les petites fortunes; 2°. elles obtiendroient des droits exhorbitans qui absorberoient une partie du bénéfice qui appartient de droit aux Propriétaires voisins & au Public. 3°. Les Compagnies pourroient avec facilité faire taxer au-dessous de leur valeur les indemnités, qu'il seroit cependant juste de payer un quart en-sus, ainsi que tout ce qu'on prend aux Propriétaires par autorité pour le bien public. 4°. Les Compagnies auroient intérêt à cacher leur administration dont les dépenses font partie, ce qui priveroit tous les autres Propriétaires du royaume de découvertes qui leur seroient avantageuses. 5°. Les Compagnies n'ayant pas des personnes sur les lieux dans leurs intérêts, elles se livreroient à des dépenses d'ostentation, elles employeroient des sujets ineptes, ou donneroient des appointemens trop considérables & se ruineroient bientôt, tous inconvéniens qui ne pourroient avoir lieu si des Propriétaires voisins étoient intéressés aux entreprises; d'ailleurs il est une infinité d'instructions locales que des Compagnies ne pourroient se procurer aussi bien que les habitans des lieux, quelques dépenses qu'elles fissent à cet égard. La Compagnie qui avoit entrepris la culture du ris en France, & notamment dans ma terre de Forez, m'a fourni une grande preuve de tout ce que je viens de dire. Toutes les fautes que fit cette Compagnie, la ruinèrent sans qu'il soit cependant prouvé que le ris ne puisse pas réussir en Forez, car cette province en a produit pendant plusieurs années une assez grande quantité pour ne pas désespérer de la réussite, si on prenoit plus de précaution que cette Compagnie ne l'a fait (1).

---

(1) La principale faute que fit la Compagnie formée pour la culture du ris en France, fut de faire venir à grands frais pour trois cens mille francs de semences du Piémont. La seconde fut d'entreprendre tout à la fois cette culture en Languedoc, en Dauphiné, en Auvergne & en Forez. La troisième fut de payer en Forez deux Commis Piémontois, l'un à quatre mille livres & l'autre à trois mille livres par an, lesquels n'avoient jamais vu cultiver le ris, puisqu'ils demandoient aux simples Ouvriers

Non-seulement il est douloureux de voir des entreprises utiles échouer entre les mains des Compagnies, mais c'est encore un mal lorsqu'elles se livrent à

---

comment il falloit opérer. La quatrième fut de louer les fonds des Propriétaires trois fois leur valeur.

Tant de dépenses inutiles mirent en peu d'années cette Compagnie hors d'état de faire les Essais qu'on lui proposa par la suite. Le premier eût été de faire une écluse sur la Loire, pour arroser les terres ensemencées de ris avec de l'eau plus chaude que celle de la Rivière de Lignon dont on se servoit, & qui est très-froide à cause des arbres qui la bordent. Le second essai étoit de faire un Canal pour réchauffer l'eau du Lignon avant de la mettre dans les cases où venoit le ris, sur lequel il faut toujours de l'eau. Mais tout fut abandonné par cette Compagnie qui ne put pas même remplir les obligations qu'elle avoit prises envers les Propriétaires.

Les fautes que nous venons de relever ont été l'unique cause du peu de succès de son entreprise, & non le mauvais air qu'elle a occasionné, comme le prétend M. l'Abbé Reynal dans son Histoire Politique & Philosophique, &c. puisqu'il a été avéré qu'il n'y avoit pas eu plus de fièvres dans ce temps-là qu'il n'y en a pour l'ordinaire; celles qui règnent en Automne dans ces cantons n'étant occasionnées d'ailleurs que par le desséchement, qu'y éprouvent en partie, les étangs.

l'entousiasme des Donneurs de projets, qui n'ayant rien à risquer, proposent souvent des entreprises téméraires. Il seroit donc bien important pour l'Etat qu'il se joignît toujours des Propriétaires voisins à toutes les entreprises ; leurs conseils préviendroient la plupart des fautes dont nous nous plaignons.

En adoptant le moyen des actions pour la navigation & pour les canaux, il paroît juste d'accorder la préférence aux Propriétaires voisins des travaux, & aux François sur les Etrangers, avantage que ne procureroit pas les Compagnies qui prennent toute sorte d'associés.

Comme il est question aujourd'hui de deux projets pour la navigation de la rivière de Dheune en Bourgogne, sur laquelle je suis autorisé, par un Arrêt du Conseil, à faire les réparations nécessaires pour le flottage à bois perdu; je désiretois qu'un projet plus avantageux encore à ma Province, pût s'exécuter, ce qui me détermine à en faire part au public pour découvrir ce qui est le plus utile.

Le premier & le plus dispendieux de ces projets, est un canal de communication de la Loire à la Saonne, dont le point de partage ſeroit l'étang de Longpendu ; ce canal auroit ſoixante mille toiſes de longueur, & pourroit coûter ſelon les mémoires de M. le Chevalier de Brançion, Ingénieur du Roi, ſept millions, non compris l'entretien annuel qu'il dit être un objet de deux cent mille livres.

Le ſecond projet propoſé par M. Antoine, Sous-Ingénieur de la province de Bourgogne, conſiſte à établir des écluſes proviſionnelles en charpente ſur la Dheune, depuis Saint-Léger juſqu'à la Saone, eſpace d'environ vingt-un mille toiſes, & dont la dépenſe pourroit aller à cent cinquante mille livres. Sçavoir.

	liv.
Dix-huit écluſes proviſionnelles à ſix mille livres. . .	108,000
Digues à faire pour les pentes perdues.	10,000
Indemnités.	25,000
Ponts.	7,000
Total.	150,000

Ce calcul n'eſt préſenté ici que par approximation, car M. Antoine penſe qu'en faiſant le devis de ces travaux, on pourroit encore réduire cette dépenſe.

Ce petit projet eſt une eſquiſſe de ſa navigation de Bourgogne, ouvrage *in*-4°. (qui ſe trouve chez Piſſot, quai des Auguſtins) dans lequel on reconnoît les lumières, le zèle & le patriotiſme de l'Auteur, auquel on ne ſauroit donner trop d'éloge; il y démontre d'une manière aſſez évidente, qu'on pourroit rendre navigable cent quarante-huit lieues de rivière en Bourgogne, avec moins de dépenſe qu'il n'en coûteroit pour deux lieues de canal difficile.

Le Conſeil ayant déja adopté ſon ſyſtême ſur la rivière de Seille, on penſe que tous les Propriétaires des terres ſituées ſur la Dheune & ſur la Brebince, devroient ſe réunir pour faire adopter ce dernier projet, lequel paroît à tous égards convenir mieux que le premier, puiſqu'en faiſant à-peu-près les mêmes opérations ſur la rivière de Brebince que ſur celle de la Dheune, il ne reſteroit plus qu'un trajet de trois ou quatre lieues à faire par terre, où il ſeroit aiſé de faire un bon chemin, le ſol étant par-tout ſabloneux.

On pourroit même par la ſuite faire un canal ſur cette partie lorſque le commerce établi ſur ces deux rivières en démontreroit l'utilité. Ces deux rivières devenues navigables, ſerviroient enſuite aux tranſports des matériaux, ce qui rendroit la dépenſe du canal de jonction moins coûteuſe, ainſi que les dépenſes qu'on pourroit faire par la ſuite pour perfectionner cette navigation, & la remonter plus haut pour diminuer le trajet par terre, s'il paroiſſoit trop diſpendieux d'achever la jonction.

Pour parvenir à l'exécution de ce projet, on croit que les propriétaires riverains devroient ſe réunir pour faire dreſſer à leurs frais un devis eſtimatif & détaillé des travaux à faire tant ſur la Brebince que ſur la Dheune, demander enſuite l'agrément du Gouvernement pour le faire imprimer & publier. On offriroit alors cette entrepriſe par actions, leſquelles ſeroient propoſées de préférence aux Propriétaires riverains pendant un tems limité, enſuite aux François & finalement aux Etrangers; mais aux conditions ſur-tout que l'adminiſtration générale en ſeroit publiée, pour donner la facilité aux autres propriétaires du royaume d'en profiter, & de faire mieux encore ſur les rivières qui les avoiſinent.

On demanderoit au Roi la perception

tion d'un droit jusqu'au remboursement des avances, ainsi que je l'ai obtenu pour le flottage à bois perdu ; je n'avois pas demandé l'intérêt de mes avances, parce que j'ai beaucoup de bois à vendre qui peuvent m'indemniser de la dépense à faire pour faciliter le flottage. Dans ce cas-ci on pourroit bien demander six ou sept pour cent d'intérêt, à courir du jour de la mise, au lieu de douze pour cent qu'on accorde d'ordinaire aux Compagnies quand ces sortes de dépenses montent à plusieurs millions.

Les avances remboursées, on pourroit réduire les droits, ou employer leurs produits à perfectionner cette navigation, ou à former la jonction à l'étang de Long-pendu, si l'avantage en étoit reconnu.

La principale dépense de ce genre de communication étant les écluses, voici ce que nous avons appris par M. Antoine. Les quatre écluses en charpente qu'on va construire sur la rivière de Seille en Bourgogne, où la navigation est déja autorisée, avoient été portées par son devis à quatorze mille livres l'une dans l'autre ; les dix écluses projettées par le même Ingénieur pour faciliter là navigation ſur la rivière d'Aroux, ſont portées l'une dans l'autre à huit mille livres, & on a vu que les dix huit qui ſont néceſſaires ſur la Dheune ſon eſtimées chacune ſix mille livres, parce que M. Antoine prétend qu'on peut les faire avec des pereys, comme aux levées de la Loire, au lieu de murs basjoyers.

Les écluſes permanentes en maçonnerie projettées en 1727 par M. Abeille pour le canal de Dijon, devoient coûter trente mille livres. Celles qui ſont propoſées dans l'Architecture hydraulique de M. Belydor montent à toutes ſortes de prix, & excédent ſouvent ſoixante mille livres. Celles qu'on ſe diſpoſe à conſtruire vers Saint-Florentin, coûteront encore davantage.

M. Antoine aſſure que les écluſes en charpente peuvent durer vingt ans ſans entretien, & trente avec un médiocre entretien, ce qui doit faire préférer, au moins pour le préſent, les écluſes en charpente.

Quant aux droits à établir ſur la navigation, il eſt juſte qu'ils ſoient proportionnés aux dépenſes de conſtruction & d'entretien; mais il ne devroit point y en avoir ſur les rivières qui n'exigent aucune réparation. Je me rappellerai toujours avec douleur d'avoir vu transporter des bleds de Châlons à Lyon par terre, parce que les droits (1) de la Saonne étoient exhorbitans, & parce que la perception gênoit la navigation. L'Etat perd beaucoup à ce désordre, parce que l'Agriculture profiteroit du tems que perdent les voituriers & les chevaux à transporter les denrées par terre, ce qui augmente l'entretien des chemins, pendant que des Commis inutiles perdent le leur à percevoir des droits qu'ils interprêtent quel-

---

(1) Les droits d'Octroys ou de Péages sur la Saonne montent à vingt livres un sol six deniers par millier de marchandises montant ou descendant de Pontarlier à Lyon, sans compter les sols pour livre établis au profit du Roi.

Selon l'Ordonnance de 1669, tous Péages, où il n'y a point de chaussée, bacs, écluses & ponts à entretenir, même avec titre & possession devoient être supprimés; mais les propriétaires de ces sortes de droits trouvent si facilement des prétextes pour en conserver la possession, que de vingt-un Péages établis sur la Saonne, il n'en a été supprimé qu'un seul en 1771.

La publicité des Recettes & Dépenses qui intéressent le Public, est le seul moyen à employer pour prévenir toutes sortes d'abus.

quefois à leur volonté, contestations qui préjudicient souvent plus à la navigation que le droit même.

M. Antoine propose soixante-deux livres dix sols de droits pour chaque bateau montant ou descendant de St.-Leger à la Saonne, lesquels peuvent porter cent milliers; si on ajoute à ce droit cinquante livres pour les frais de voiture, cela fait cent douze livres dix sols, somme qu'il faudroit encore doubler dans le cas où les bateaux feroient un voyage à vuide, ce qui donneroit alors deux cent vingt-cinq livres pour la totalité de la dépense d'un bateau pour monter & descendre : or évaluant le transport d'un millier, par terre, à vingt sols par lieue, il en coûteroit quatre cent livres pour transporter cent milliers de Saint-Léger à la Saonne, trajet d'environ dix mille toises ou quatre lieues, d'où résulteroit pour le public un bénéfice de cent soixante & quinze livres par bateau chargé de cent milliers.

M. Antoine suppose ensuite qu'il pourra passer quatre cent bateaux chaque année sur la Dheune de Saint-Léger à la Saonne lesquels chargés de cent milliers chacun produiroient vingt-cinq mille livres, sur quoi déduisant cinq mille livres pour frais de régie ou d'entretien annuel & perpétuel, il resteroit ving mille livres de produit net, ainsi quand il ne passeroit que deux cent bateaux, il y auroit de quoi payer six pour cent d'intérêt aux Actionnaires. Mais si au lieu d'écluses provisionnelles qui pourroient coûter six mille livres, on en construisoit en pierre de trente mille livres, & que toute les dépenses fussent augmentées dans la même proportion, il faudroit qu'il passât chaque année six cent bateaux pour trouver l'intérêt des avances, attendu qu'on ne pourroit que doubler les droits (1).

On peut juger d'après ces calculs, combien il est dangereux de se livrer

---

(1) Si les droits excédoient soixante-deux livres dix sols, les bois qui peuvent flotter perdroient beaucoup au transport par bateau, car selon les expériences faites depuis longtemps sur plusieurs Rivières plus difficiles que la Dheune, il n'en coûte pour le flottage de chaque voie que deux sols au plus par lieue, tous frais compris, ce qui feroit au plus vingt sols pour le trajet de Saint-Léger à la Saonne, tandis qu'il en coûteroit plus de quarante, par bateau, chaque voie pesant au moins douze cens cinquante livres.

à ces sortes de dépenses sans être assuré de l'étendue du commerce qui ne peut jamais bien s'apprécier que par l'expérience, raisons concluantes pour adopter la Navigation économique & les écluses provisionnelles, sauf à faire par la suite des constructions plus solides, à mesure que la navigation même en fournira les moyens, & que le commerce en démontrera l'utilité.

Les Propriétaires ont donc le plus grand intérêt à s'opposer à l'établissement des Compagnies pour ces sortes d'entreprises ; ils ont aussi le plus grand intérêt à ce que les devis des travaux projettés soient bien faits, puisque les fonds ne seront offerts qu'en raison des avantages démontrés. Mais les Propriétaires riverains sont les plus intéressés à en avancer les frais dont il leur seroit tenu compte sur les actions qu'ils prendroient eux-mêmes par la suite, sauf à les vendre à d'autres particuliers.

PAGE 15.

(*f*) *Ils iront s'exercer dans la même école, où ils auront été formés.*

La réunion des Soldats sémestriers

à nos établissemens pouvant y causer quelques dérangemens, on pense qu'il seroit beaucoup mieux de les exercer à part sous les yeux des Officiers de leur canton. On pourroit accorder alors aux Officiers & Soldats qui voudroient être employés dans leur Province, des congés d'un an, ce qui leur donneroit plus de facilité pour faire leurs affaires sans perdre de vue les fonctions militaires, & ce qui diminueroit les voyages qui font perdre du temps & de l'argent.

Tous les Militaires de la même Province quoique de corps différens, étant habitués à servir ensemble dans leurs cantons, l'union qui doit régner entre les divers corps d'une même nation, en seroit augmentée.

Il y a grande apparence que la plus grande partie des Officiers & des Soldats se prêteroient à ces sortes de travaux, qui ne pourroient être forcés, puisque les uns & les autres ne s'attendoient pas à ce genre de service, lorsqu'ils ont pris le parti des armes. On pourroit tout au plus supprimer les appointemens des Officiers absens de leurs corps, & la moitié de la paie que touchent aujourd'hui les Soldats, puiſqu'ils pourroient jouir dans leur province d'un autre traitement. On devroit néanmoins tenir compte aux uns & aux autres du temps qu'ils ſeroient en voyage pour aller de la province à leur Corps, & de leur Corps à la province, ce qui eſt juſte.

Les Officiers & Soldats pourroient faire leur ſervice dans leurs provinces avec l'uniforme de leur Régiment, chacun ayant ſon grade & ſon ancienneté déterminée, il ne pourroit y avoir aucune difficulté pour le commandement; ou ce qui ſeroit peut être encore mieux, les uns & les autres pourroient avoir dans leur province des habits de drap bleu tout unis qu'ils laiſſeroient chez eux lorſqu'ils rejoindroient leurs Corps.

On ſent combien l'Etat gagneroit en facilitant ces deux genres de ſervice, & combien les Officiers & les Soldats propriétaires y trouveroient d'avantages, puiſqu'ils pourroient faire deux fonctions utiles pour l'Etat à la fois, & ſurveiller encore leurs poſſeſſions qui au lieu de dépérir, comme il arrive ſouvent à celles des Militaires, ſeroient au contraire mieux améliorées que celles des autres propriétaires, puiſque les Militaires ſeroient alors plus à portée de s'inſtruire d'une infinité de travaux analogues à ceux de l'agriculture ce qui les y attacheroit davantage.

Les Officiers qui ſont réformés, ainſi que ceux qui ſollicitent des emplois, pourroient s'occuper utilement dans leurs provinces en attendant qu'il y eût des places vacantes.

On ne ſeroit plus forcé de mettre tant de troupes dans les Villes de guerre dont le ſervice aiſé à apprendre pourroit être fait alternativement par toutes les troupes. D'un autre côté les provinces, abondantes en denrés & ſans débouchés, trouveroient par ce moyen une conſommation des leurs, & leurs richeſſes augumenteroient à meſure que les communications ſe multiplieroient. On pourroit même occuper les troupes aux chemins des environs des Villes de guerre, aux fortifications, ou à cultiver des jardins, pour les entretenir dans l'habitude du travail.

Tous les Officiers de Cavalerie qui ont été conſultés, ayant aſſuré que les chevaux qui tireroient modérément, ne ſeroient pas moins propres au ſervice de la Cavalerie ; on penſe que l'on pourroit employer à ces travaux un certain nombre de Cavaliers ou de Dragons pour voiturer les denrées néceſſaires & les équipages, ainſi que les pierres & autres matériaux néceſſaires aux chemins. Ces mêmes Cavaliers ou Dragons ſerviroient, ainſi que les ſoldats, à maintenir la tranquillité dans le pays, ce qui procureroit les moyens de diminuer beaucoup les Maréchauſſées du ſervice deſquelles les pauvres payſans ont ſouvent ſouffert à l'occaſion des milices, des corvées, & autres prétextes ; on n'entend cependant pas que les Militaires ſoient jamais tenus de conduire & de garder des Criminels ou des perſonnes diffamées, cette fonction ne doit être exercée que par des Archers dont la paye eſt le ſeul mobile ; mais tout ce que peut faire le Militaire pour augmenter la ſûreté & la tranquillité des villes & des campagnes, eſt honorable. Le Militaire arrêtera donc & devra arrêter tous ceux qui troublent l'ordre public ; les Archers feront les autres fonctions qu'exige d'eux l'ordre de la Juſtice.

Dans un cas d'émeute ou d'autre trouble public, une demi-douzaine de Cavaliers ou de Dragons armés de fabres feroient plus d'impreſſion & d'effet que cinquante hommes armés de fuſils & de bayonnettes dont on ne peut faire uſage ſans expoſer la vie des gens qui ſont innocens, & ſans tuer ceux qui ne ſeroient pas aſſez coupables pour mériter la mort.

Mais le meilleur de tous les moyens pour engager les Militaires à s'employer avec zèle à ces établiſſemens, & de tout ce qui peut être utile à l'Etat, ſeroit de leur accorder quelques marques de conſidération particulière proportionnée à leurs ſervices; car les hommes déſirent toujours la plus grande conſidération, & aucune Nation ne la déſire autant que le François. On pourroit en citer une infinité d'exemples.

Avant qu'on augmentât les appointemens des Officiers Majors, chacun aſpiroit à l'être, quoi que leur ſervice fût plus pénible que celui des autres Officiers. L'envie d'obtenir la Croix de St.-Louis n'a-t-elle pas fait faire les plus grands ſacrifices en tout genre à une infinité de Militaires ? Lorſqu'il eſt queſtion de la guerre, ne voit-on pas tous les Officiers ſolliciter pour être employés ? Pourquoi, quand il s'agira d'être doublement utile à l'Etat, n'auroit-on pas le même zèle ?

Qu'on ne s'y trompe pas, nous avons encore un grand nombre de gens vertueux prêts à tout ſacrifier pour le bien de l'Etat. Tel qui ſe contente aujourd'hui d'un grade ſans fonction, va ſolliciter demain la fonction la plus pénible dès qu'elle lui procurera une plus grande conſidération; & tel qui ſans beſoin ſollicite aujourd'hui une penſion parce qu'elles ſont devenues un genre de récompenſe, va ſolliciter demain pour employer une partie de ſa fortune à payer ou diriger lui-même des travaux utiles à l'Etat; ſi de telles actions étoient inſcrites dans un Journal préſenté au Souverain, & communiqué enſuite au public qui apprécie toujours bien le ſervice qu'on lui rend, & y proportionne ſon eſtime.

PAGE 22.

(*g*) *Qu'il ſeroit ſi eſſentiel d'adapter aux différentes claſſes de Citoyens.*

Le Gouvernement ayant établi ſix cens places pour la Nobleſſe pauvre dans les Colléges, & voulant procurer à la Nobleſſe riche une éducation plus parfaite, a permis que cette dernière claſſe y fût reçue moyenant la même penſion de ſept cens livres, qui ſera payée pour chaque Elève de la première claſſe.

Mais pour completer les vues du Gouvernement, ne ſeroit-il pas à déſirer qu'il fût établi d'autres écoles pour la Nobleſſe qui ne ſeroit pas aſſez pauvre pour être élevée aux dépens de l'Etat, ni aſſez riche pour payer ſept cens livres pour chacun de leurs enfans. Ce nombre eſt très-grand & compoſe la plus grande partie des ſujets qui ſe deſtinent à ſervir dans l'infanterie. On propoſe à cet effet d'élever douze ou quinze Gentilshommes dans des châteaux iſolés ſitués dans les pays les plus ſains, quelques triſtes qu'ils puiſſent être, pour les habituer dès l'enfance à toutes ſortes de ſituations, car il arrive ſouvent que les enfants s'ennuyent des habitations de leur parens dès qu'ils ont joui du ſéjour des villes; combien, en effet, n'a-t-on pas vu de jeunes gens élévés dans les villes, dédaigner le château de leurs pères & tourner chez eux tout en ridicule; on les a vu même quelquefois ridiculiser jusqu'aux chefs des Corps où ils sont entrés, parce qu'ils savoient mieux que nos vieux Militaires, quelques propositions de géométrie, ou autres petits détails qui ne peuvent être comparés à des connoissances plus essentielles que procure l'expérience & les réflexions. Un orgueil aussi déplacé seroit plus rare dans les enfans élevés dans nos campagnes, & leur éducation ne coûteroit peut-être pas plus de trois cens livres par an à leurs parens. Ces enfans élevés ainsi, seroient certainement moins exposés à donner dans tous les écarts auxquels sont sujets ceux qui sont élevés dans les villes. On peut en juger par les heureux plis que contractent pour l'ordinaire les enfans qui ont habité quelques-tems chez leurs parents à la campagne. Ces jeunes Gentilshommes seroient élevés & instruits par un maître qui leur enseigneroit les parties des Mathématiques, & du Dessin nécessaires à un Militaire; ce maître ne quitteroit point ces Elèves, leur enseigneroit aussi la Géographie & l'Histoire; & on leur apprendroit par principes leur religion, comme étant la base de toute bonne éducation.

Ces Gentilshommes feroient exercés au maniement des armes & aux évolutions avec nos jeunes foldats élevés dans le voifinage ; ils les commanderoient enfuite felon leur rang d'ancienneté, parce que l'expérience fuppofe plus de connoiffance, & ils s'efforceroient d'autant plus d'en acquérir par l'étude, qu'elle leur procureroit un grade fupérieur par la fuite.

On pourroit auffi les exercer quelquefois avec les foldats à tracer des chemins ; ils fe ferviroient alors de tous les outils qui feroient en ufage pour donner l'exemple, & apprendre de bonne heure que ce qui tourne au plus grand profit de la fociété, eft ce qui en honore le plus réellement les différens Membres, de forte qu'en joignant la pratique à la théorie, l'étude qu'ils feroient des Mathématiques leur feroit plus profitable.

On devroit fur-tout les mener quelquefois vifiter les malades & les pauvres, pour leur faire obferver à quels degrés de mifère font réduits une infinité d'hommes qui font leurs femblables ; les petits fecours qu'ils leur accorderoient les habitueroient à la bienfaiſance, première qualité d'une belle ame. Ils feroient ſans doute bien des queſtions ſur la ſituation de ces malheureux, & des éclairciſſemens qu'on leur donneroit, naîtroit pour toute leur vie l'envie de ſe ſignaler par les qualités les plus louables.

Des enfans élevés de cette manière & qui ne ſortiroient de ces écoles qu'à vingt-ans ou plus tard ſi quelques-uns l'exigeoient, formeroient d'autres hommes que ceux qui dans leur enfance ont été élevés au ſein de nos Cités dans la molleſſe, le luxe, flattés continuellement par la plupart de ceux qui les entourent, & gouvernés par des gens qui ſe reſſentent toujours de quelque manière de la corruption des villes. Comme l'exemple eſt le meilleur des maîtres, ces Inſtituteurs de campagne n'ayant point d'autres occupations que le ſoin de leurs élèves, & n'étant diſtrait par aucuns autres objets, feroient certainement plus propres à former la jeuneſſe que les Précepteurs Citadins. Ils auroient même de la conſidération dans le voiſinage; tous les parens des élèves s'empreſſeroient à l'envi à leur témoigner leur reconnoiſſance, ce qui flatteroit encore plus ces maîtres que l'honoraire même attaché à leur emploi.

Ne devroit-on pas espérer que nombre d'anciens Officiers retirés du service se feroient honneur de présider à l'éducation des jeunes Gentilshommes? Pourroient-ils, en effet, employer le reste de leurs jours d'une manière plus noble & plus louable qu'à inspirer leurs vertus à leurs successeurs? Ne mériteroient-ils pas bien alors, à juste titre, toutes les faveurs du Souverain & l'hommage le plus distingué de la Nation. Les pensions accordées à ces respectables Officiers leur serviroient d'appointemens, & ce seroit certainement les moins à charge à l'Etat: ces vertueux Militaires seroient même plus aisés à contenter que les autres, n'ayant point d'objet de luxe sous les yeux; & leur dépense vivifieroit encore le pays qu'ils habiteroient.

Le maître de Mathématique seroit payé par les Elèves, ainsi que les détails relatifs à leur éducation. On feroit ensuite l'addition de leurs dépenses dont on donneroit copie à leurs parens, après avoir été vérifiée & examinée par l'Officier qui auroit cette inspection, lequel veilleroit ſur tout ce qui auroit rapport à l'éducation des Elèves & en rendroit compte au Miniſtre de la Guerre. Le maître de Mathématique ſeroit remplacé lorſqu'il ſeroit malade; on pourroit avoir un ſecond maître deſtiné à cet effet pour pluſieurs écoles de ce genre, qui ſerviroit toujours en ſecond à l'une d'elles, & qui, à ſon tour, remplaceroit en chef les Maîtres qui ſe retireroient.

Un des Maréchaux des Logis employé dans le canton, ou un Cavalier intelligent, pourroit de temps en temps leur donner quelques leçons d'équitation, ce qui ſeroit ſuffiſant pour leur apprendre à monter paſſablement à cheval.

Il ſeroit bien néceſſaire de fixer des appointemens à un Chirurgien habile pour veiller à la ſanté de ces Elèves, à celle des Soldats employés dans le voiſinage, & à celle des pauvres du pays, qu'il ſeroit tenu de viſiter gratuitement, car il périt beaucoup de Payſans dans nos Campagnes faute de ſecours; au moins faudroit-il qu'ils en euſſent lorſqu'ils ont des plaies, ce qui n'exige ni grande ſcience, ni grande dépenſe. On obligeroit ce Chirurgien à donner au prix coûtant les drogues, que les Chefs & Inſpecteurs des écoles ſeroient en droit de faire viſiter de temps en temps ; car les fripponneries faites par les Chirurgiens de Campagne à ce ſujet ſont énormes, ce qui empêche ſouvent les Payſans aiſés de les faire appeller dans leurs maladies. Une partie des appointemens du Chirurgien pourroit être payée par les Elèves, l'autre par les propriétaires des Paroiſſes, comme une des charges publiques des plus néceſſaires, & ſon caſuel ſeroit les viſites qu'il pourroit faire chez les gens aiſés du pays, qui ne payeroient cependant pas les drogues plus cher que les autres.

DÉTAIL DES TRAVAUX.

Détails des Chemins faits à prix d'argent, par des Soldats & des Payſans en Bourgogne & en Forez en 1770, 1771 & 1772.

APRÈS s'être pourvu des inſtrumens néceſſaires, on procéda au nivellement, & on réduiſit les pentes de manière qu'elles n'excédaſſent nulle part cinq pouces par toiſe, pour qu'un cheval pût tirer par-tout un millier; on détermina enſuite la largeur des chemins à vingt-quatre pieds, ſelon la loi de Bourgogne (1).

Il fut tracé en droite ligne dans les fonds des propriétaires qui voulurent

(1) En Bourgogne, on appelle *Finerots* les chemins de Paroiſſe à Paroiſſe, de Village à Village; on donne le même nom à ceux qui vont aboutir aux grandes Routes. Ils doivent avoir dix-huit pieds de large non compris les foſſés.

bien y consentir. On décrivit des contours dans les endroits montueux, afin d'éviter les grands frais de déblai & remblai. Pour la même raison, on déclina par des courbures les lieux marécageux & les ravins ; au lieu de pont (1) ouvrage cru alors trop dispendieux, on pava le fond trop mobile de quelques ruisseaux ; mais les inconvéniens de ces sortes de gués, qui exigent un entretien continuel, & qui sont incommodes en hiver, doivent faire préférer les ponts, dès qu'on pourra les construire avec l'économie dont ils sont susceptibles. On ne ferra pas, à la vérité, tous les chemins qui ont été faits, parce que cette dépense auroit été trop considérable pour être payée par un seul particulier ; on a seulement ferré quelques parties, pour donner une idée de cette dépense ; on se pro-

(1) Un glacis fait depuis plusieurs années sur la Route de Lyon à Clermont, avec deux éperons en maçonnerie pour soutenir des planches, sur lesquelles passent les chevaux & les gens de pied, a coûté moins de cinq cens livres : il en eût coûté trente fois plus pour construire un pont sur un ruisseau qui ne peut arrêter les voitures, par un orage extraordinaire, que quelques heures.

pose de ferrer à l'avenir quelques parties par encaissement pour sçavoir au juste ce que cette méthode peut coûter.

Il est en France des Routes qui ne sont point ferrées, dont le sol est sabloneux, & qui se maintiennent en bon état, pourvu qu'elles soient entretenues, bombées & unies; d'autres sont ferrées avec du gravier de rivière; on en voit même quelques-unes ferrées avec du gravier tiré de la terre, & plusieurs qui le sont avec des pierres brisées à coups de masse. Mais la plus dispendieuse de toutes est celle d'encaissement; on met dans une tranchée de deux pieds de profondeur, un lit de grosse pierres posées à plat, d'autres par dessus posées de champ, le tout est ensuite couvert de pierres réduites à la grosseur de petites noix. Cette manière est sans contredit la plus solide; mais comme il est une infinité de lieux où les premières méthodes sont suffisantes, ce doit être la qualité des matériaux les plus à portée, & le sol de chaque lieu qui varie à chaque instant, qui doivent décider la manière dont on doit ferrer.

Quant au pavé, il paroît si dispendieux qu'on ne peut guère en faire usage que dans les Villes, où sur les chemins où le ferré a été reconnu insuffisant, car la toise quarrée de pavé coûte à Paris 19 liv. 14 s. 6 den. ce qui fait 49 liv. 6 s. 3 den. la toise courante de chemin, lorsque le pavé a 15 pieds de large, non compris le nivellement. Sur la Route de Châlons à Chagny en Bourgogne, le ferré de six pieds de profond ayant été cru insuffisant, on vient de le paver sur la même largeur de quinze pieds avec des cailloux du Rhône; la toise courante revient à quarante livres. Outre la dépense énorme, le pavé a encore de grands inconvéniens; les hommes; les chevaux & les voitures y sont plus fatigués que sur les chemins ferrés; les dégradations sont plus incommodes, & les réparations plus difficiles sur les chemins pavés que sur les chemins ferrés. On rendra cependant compte de la dépense du pavé dès que nos établissemens pourront s'en occuper.

N'ayant pas seulement osé entreprendre la méthode dispendieuse de l'encaissement, on se contenta de faire ferrer une partie de deux cens toises en terrain gras & argilleux, avec des pierres prises sur les lieux qu'on réduiſit à la groſſeur d'un œuf ; on en mit ſix à ſept pouces d'épaiſſeur ſur douze pieds de large : il en coûta onze ſols & demi par toiſe courante , compris le tranſport des terres & le nivellement. Une bonne partie de ce chemin a réſiſté à des voitures chargées de pluſieurs milliers depuis ſept ans ; ſi on eût rechargé chaque année les portions les plus foibles comme cela ſe pratique ſur les grandes Routes, toute cette partie de chemin auroit réſiſté & ſeroit devenue de plus en plus ſolide , au reſte , les derniers chemins qu'on a fait, notamment ceux de Forez , ont été mieux faits & moins coûteux que les premiers parce que les Directeurs & les Ouvriers étoient plus inſtruits, & les outils plus commodes. Il eſt certain que ſi l'eau ſéjournoit dans les chemins, ils ſeroient bientôt dégradés , fuſſent - ils ferrés avec du marbre ; ſi au contraire on les réparoit ſouvent , l'entretien ſeroit moindre. L'on pourroit peut-être alors ſe paſſer du ferré par encaiſſement ſi coûteux, ſur-tout lorſque la pierre eſt éloignée : mais il eſt très-ſûr que ſi ceux qui paient avoient droit d'économiſer les dépenſes , il ne s'en feroit que de néceſſaires,

ſaires, & chaque jour il ſe feroit de nouvelles découvertes au lieu que dans l'état préſent des choſes, il ſe trouve des perſonnes intéreſſées à multiplier les dépenſes qui en abuſent ſous de faux prétextes. Il ne reſte plus qu'un mot à dire ſur ce ſujet ; veut-on le mieux ? qu'on eſſaie quelques toiſes d'une façon & quelques toiſes d'une autre, les unes réparées toutes les ſemaines, les autres deux fois par an, ſelon l'uſage, & on verra alors la véritable différence.

La totalité des chemins faits en Bourgogne, eſt d'onze mille deux cent quarante toiſes ; ſavoir, ſept mille cinq cent du Breuil à Saint-Leger, qui fait partie de la route de Moncenis à Châlons, & trois mille ſept cent quarante toiſes dans l'étendue de la Paroiſſe du Breuil, qui ont coûté quatre mille trois cent livres, tant en conſtruction que réparation pendant le cours des années 1770 & 1771 ou dégradation des outils, ce qui fait ſept ſols ſept deniers par toiſe courante, l'une dans l'autre ; on comprend dans cette ſomme huit cent journées fournies par cinq Paroiſſes la première année, évaluées ſix cent livres ; mais, dont on n'a pas tiré grand avantage, parce que, malgré la bonne volonté des ouvriers, ils manquoient d'expérience & d'outils propres à ces travaux.

Les chemins ont été utiles dès le moment qu'ils ont été ouverts; car il y passa des charbons des mines de Montcenis, qui répandirent douze mille livres dans le pays dans le courant de l'année 1770; la modicité de cette dépense est frappante, quand on la compare à celle qu'ont coûté les grandes routes voisines. Les corvéables de la Paroisse du Breuil, employés en 1770, travaillèrent sur cent trente-une toises, qui coûtèrent dix-huit cent quatre-vingt-dix livres, les journées à bœufs évaluées quarante sols, & celles des journaliers quinze; ce chemin, sans être encore achevé ni ferré, revenoit déja à plus de quatorze livres la toise courante, & n'est pas encore praticable en 1779.

On fit ensuite, dans la Paroisse de Clépé en Forez, dix-sept cent quarante-sept toises de chemin, dont quatorze cent dix sur la route de Lyon à Clermont, & trois cent trente-sept sur d'autres routes. Il en coûta quatre cent sept livres pour les neuf cent quarante toises faites en 1770, ce qui fait huit sols sept deniers la toise courante. Il en a coûté sept cent livres pour les quatre cent soixante-douze toises faites en Novembre & Décembre 1771, n'ayant pu éviter le village de Naconne, où la quantité d'arbres à arracher, & les sources ont triplé la dépense. Les trois cent trente cinq toises restantes, ont coûté deux mille six cent livres; savoir, trois cent iivres pour arracher les arbres, & deux mille trois cent livres pour une chaussée de dix-huit pieds de large à son couronnement, laquelle contient onze cent toises cubes, qui reviennent chacune à quarante-deux sols, ce qui fait six livres dix-sept sols quatre deniers la toise courante (1); mais la dépense de cette chaussée, dont l'élévation est par-tout au-dessus des inondations, est bien inférieure à celle faite par corvée dans le voisinage, à laquelle

(1) Il faut observer que cette chaussée a été faite en hiver, où les pluies & les neiges ont dérangé les ouvriers, qui étoient payés également quoiqu'ils ne travaillassent quelquefois qu'une heure ou deux par jour, ce qui a bien augmenté d'un tiers au moins cette dépense.

ont travaillé quinze Paroiſſes pendant quatre ans : leurs corvées, qu'on évalue en Forez, de même qu'en Bourgogne, forment une contribution pour ces Paroiſſes ; les unes, du double ou de moitié ; les autres, au moins du quart en-ſus de la taille & des autres impôts y joints, ſelon les états qu'on en a juſqu'à préſent. Or comme on a vérifié qu'elles payoient, les unes dans les autres, plus de quinze cent livres de taille ; ce n'eſt pas exagérer que de porter la totalité de ces dépenſes à cent trente-cinq mille livres, indépendamment des vexations qu'elles ont cauſées, de la perte des beſtiaux & de la rupture des voitures, & de la ſuſpenſion du labourage, qu'il n'eſt pas facile d'apprécier. Cette chauſſée ou chemin, exécuté par corvée, a treize cent vingt toiſes de long ſur trente pieds de large, dont huit cent cinq toiſes au niveau des terres n'auroit pas coûté vingt ſols la toiſe tout ferré ; les parties en chauſſée ont différentes élévations, & ne ſont pas toutes à l'abri des inondations. La première, de cent ſoixante-dix toiſes ſur un pied de hauteur, calculé l'un dans l'autre, contient cent quarante-deux toiſes cubes ; la ſeconde, de cent trente toiſes ſur trente-deux pouces de hauteur, contient trois cent-dix-huit toiſes cubes; la troiſième, de cent quatre-vingt-cinq toiſes ſur trente-quatre pouces de hauteur, contient quatre cent quatre-vingt-une toiſes cubes, non compris une partie de vingt toiſes de long ſur quinze pieds de large & ſix de hauteur, contenant cinquante toiſes cubes; & finalement, la quatrième, de trente toiſes ſur vingt-cinq pouces de hauteur, contient cinquante-deux toiſes cubes, ce qui fait en tout mille quarante-trois toiſes cubes, qui reviennent chacune à cent vingt-huit livres, ce qui fait plus de deux cent ſoixante-deux livres par toiſe courante.

(1) Ce chemin deſtiné pour aller à

---

(1) Les nouveaux chemins tracés dans un terrain uni, ont coûté deux ſols la toiſe; celle des anciens qu'il a fallu élargir en a coûté trois ou quatre, ſelon le plus ou le moins d'inégalité, une ou deux haies à arracher, ont exigé cinq ou ſix ſols par toiſe; & depuis ſept juſqu'à quinze, quand il a fallu arracher des arbres. Enfin, quand il s'eſt agi d'élever le chemin ou de l'excaver de trois ou quatre pieds, la toiſe a coûté depuis trente ſols juſqu'à quarante, lorſqu'on a jetté les terres à la pelle: mais lorſqu'il a fallu les tranſporter à la

Clermont, ne ſert point pour aller à cette ville, parce qu'il n'aboutit pas encore à l'ancien, tandis qu'on paſſe commodément depuis ſept ans ſur la chauſſée que j'ai fait faire. Cette extrême diſproportion n'étonnera pas, ſi on veut conſidérer la manière dont j'ai opéré, eſt celle dont on employoit les corvées.

Premièrement. Ayant le plus grand intérêt à économiſer la dépenſe, je n'ai point eu la rage des alignemens & des nivellemens, dont ſe plaint, avec tant de raiſon, le reſpectable ami des hommes, & qui occaſionne quelquefois des dépenſes cent fois plus fortes par les déblais & les remblais énormes auxquels ils obligent.

Secondement. Je couchois quelques fois ſous la tente pour veiller ſur les ſoldats-directeurs, qui ne quittoient pas un inſtant les ouvriers qu'ils commandoient, quoi qu'ils fuſſent plus inſtruits que les corvéables.

Troiſièmement. Les ſoldats & les

---

brouette à 20 ou 30 toiſes, la toiſe cube a coûté 40 ſols, le tout non compris le ferré. Une terre glaiſe peut encore apporter une différence dans ces dépenſes, mais le tuf l'augmente conſidérablement.

ouvriers faiſoient uſage des outils que l'expérience faiſoit perfectionner chaque jour; ils couchoient & mangeoient ſur les lieux, où une vivandière leur faiſoit la ſoupe, tandis que les corvéables, qui venoient quelquefois de trois lieues, ne pouvoient ni ne devoient faire des outils pour un ouvrage momentané, & ne trouvoient communément aucunes facilités pour leur nourriture.

Quatrièmement. On a pris la terre pour niveler les chemins, & les matériaux, pour les ferrer, le plus près poſſible, notamment à la chauſſée faite en Forez, dont les terres n'ont été priſes qu'à vingt ou trente toiſes, tandis que pour ménager les bons fonds d'un propriétaire, on les a été chercher à ſix ou ſept cent toiſes pour conſtruire celle faite par corvées dont on a parlé; en creuſant quelques pieds, on auroit même trouvé le gravier néceſſaire pour la ferrer. Si on eût dédommagé le propriétaire, il en eût peut-être coûté deux mille livres, tandis que ces tranſports éloignés, ont occaſionné en partie la dépenſe dont on a fait mention. Cet exemple, & tant d'autres ſemblables, prouvoient bien la néceſſité de la loi, qui vient d'ordonner que toute espèce de dommage seroit payé au propriétaire, parce qu'un particulier trouvera toujours facilement le secret de faire supporter au public une très-forte dépense pour se soustraire à un léger dommage; car comme l'intérêt commun n'affecte presque personne, & que l'intérêt particulier affecte tous les hommes, il en résulte qu'en toute espèce d'administration, on ne sauroit trop diviser l'intérêt général pour le rendre particulier. Ce sont ces raisons qui doivent engager les Paroisses à adjuger la construction & entretien de leurs chemins à un particulier, qui les entretiendra d'autant mieux que son engagement sera long.

Cinquièmement. Pour engager les soldats à bien s'acquitter de leurs fonctions, je louois leur zèle & leur talent, je faisois même manger avec moi quelquefois ceux dont j'étois le plus content; un air d'indifférence de ma part marquoit mon mécontentement, ce qui étoit pour eux une très-grande punition. Ce genre de discipline m'avoit si bien réussi, qu'il n'y a pas eu contre ces soldats une seule plainte dans le pays, où ils ont été regrettés, parce que, outre les chemins qu'ils dirigeoient, ils avoient chacun deux enfans sous leurs ordres, auxquels ils apprenoient à travailler pendant le jour, & le catéchisme & à lire lorsque la journée étoit finie ; cela leur avoit attiré l'amitié des Paysans, qui sollicitoient presque tous pour qu'on prît leurs enfans à cette école, où plusieurs, dont on ne pouvoit rien faire dans le pays, se corrigèrent. On fut même plus content de l'intelligence de ces enfans que de celle des ouvriers plus âgés, ce qui fait croire que ce seroit une excellente méthode pour former de bons soldats.

Lorsqu'on réforma quelques-uns de ces soldats, sur la fin des travaux, on leur vit verser des larmes à leur départ, ce qui prouve bien que les hommes ne craignent point la peine quand ils sont considérés. Si on avoit pu continuer plus long-tems ces sortes de travaux avec les mêmes soldats, ils auroient encore été mieux faits.

On avoit mis sur les tentes des devises propres à encourager les soldats, on voyoit, par exemple, au-dessous de ces mots : *Gardes-Françoises, partout utiles à la patrie* ; sur les gibernes, on voyoit les attributs de la guerre d'un côté, & les outils propres à faire les chemins de l'autre, avec la devise : *pour la défense & le commerce* ; les boutons des habits caractérisoient même le citoyen : il y avoit dessus un canon & un fusil en sautoir, avec un niveau & une bêche, avec la devise : *tout pour la patrie.*

Le plus ancien soldat faisoit la fonction de caporal ; on lui donnoit quarante-cinq livres par mois, & trente livres aux autres, sur quoi, ils se nourrissoient & s'habilloient. Si on avoit pu leur faire un traitement plus long & plus assuré, ils seroient restés à bien meilleur compte, & n'en auroient pas travaillé avec moins d'ardeur. Chaque Soldat commandoit huit ou dix paysans & leur traçoit leur ouvrage, après quoi ils travailloient eux-mêmes aux objets les plus difficiles. La soupe des Soldats étoit faite par la même Vivandiere qui la faisoit aux paysans ; celle des Soldats étoit faite avec de la viande ; leur pain étoit moitié seigle & moitié froment dont on ôtoit le son, les paysans vivoient selon leur usage, avec du pain de seigle dont le son n'étoit point ôté, & de la soupe à l'huile. La différence du vêtément & de la nourriture maintenoit une espèce de subordination utile entre les Soldats & les paysans. Les Soldats apprirent en fort peu de temps à niveler, & les autres petits détails nécessaires, parce qu'ils y donnoient la plus grande attention.

Au lieu de tambour, pour indiquer les repas, faire reposer les ouvriers, & leur faire reprendre le travail, on se servoit d'une musette qui les égayoit. On observa même que lorsqu'on eut commencé à en faire usage, le travail se reprenoit plus vîte & avec beaucoup plus de plaisir : dès ce moment les travaux avancerent beaucoup plus.

Il se fit peu d'ouvrage la première année faute de Soldats pour diriger les paysans & les faire travailler : la seconde année, les travaux allerent beaucoup mieux, parce que les Soldats les dirigeoient. Pour la troisième année, pendant laquelle on fit cette chaussée dont on a parlé, les Soldats étant plus instruits & plus attachés à ces travaux, ma présence devint moins nécessaire ; car je m'absentois trois ou quatre fois la semaine, sans que les travaux s'en ressentîssent ; d'où on peut conclure qu'un seul Officier pourroit surveiller plusieurs établissemens de ce genre sans se fatiguer, & jouir encore des agrémens de la société ; mais il faudroit qu'il en fût seul chargé pour en avoir seul toute la gloire, parce que chacun se plaît & se passionne pour ce qu'il paye ou ce qu'il dirige, sur-tout lorsqu'il est question d'un ouvrage utile à son canton, & dont on retire pour soi-même un grand avantage ; ce qui fait croire que ces sortes de travaux ne devroient être dirigés que par des Officiers du pays, qui seroient encore plus intéressés que des étrangers à l'économie & à la solidité des ouvrages : combien même d'Officiers y mettroient de leurs bourses ? En voici un exemple. M. l'Abbé de Fénélon, mon voisin en Bourgogne, ayant vu les chemins que je faisois faire, auxquels il n'avoit pas voulu contribuer d'abord, se détermina ensuite à occuper ses pauvres de cette maniere, & leur fit faire pendant l'hiver de 1770 à 1771, où le grain étoit très cher, quatre mille sept cens soixante & seize toises de chemin sur la route de Saint-Cernin à Couches. Sa dépense fut plus forte que la mienne, parce qu'il n'avoit pas de Soldats pour diriger les ouvriers, & parce qu'il nourrissoit les femmes & les enfans.

Il fit aussi faire à ses frais, l'été suivant, sur cette route, un pont qui a quinze pieds de large sur neuf pieds de hauteur, dont le ceintre fait partie, qui a neuf pieds dix pouces de diamètre ; le parapet, ou les angles des ceintres, ou côtés extérieurs, sont en pierre de taille. La façon a coûté quarante livres : toutes les autres pierres sont de moëlons, trouvés sur les lieux ; la chaux a été tirée d'une lieue ; le tout a coûté cinquante écus. Il a encore fait faire à la jonction des deux ruisseaux, un autre pont en pierres sèches, trouvées aussi sur les lieux, qui a vingt-un pieds de large sur une des ouvertures, & dix-huit sur l'autre. Ces deux ouvertures, où passent les eaux des deux différens ruisseaux, ont chacune quatre pieds de hauteur, sur deux pieds & demi de large. Le pont tout en pierres sèches, a dix-huit pieds de long, sur sept de hauteur, depuis la base jusqu'à la crête, & n'a coûté que dix-huit livres de façon.

La générosité de M. l'Abbé de Fénélon fut si grande, que son revenu ne suffiſant pas pour faire ſubſiſter ſes pauvres par ce travail, il vendit cinq cent bouteilles de vin de Chaſſagne, pour fournir à leur ſubſiſtance.

DÉTAIL

Des Travaux faits en Bourgogne pendant les mois d'Octobre, Novembre & Décembre 1777.

ON commença les travaux par la conſtruction d'un Etang, pour faciliter le flottage des bois; craignant que le Sergent & les Soldats que j'avois fait venir de Paris, ne fuſſent pas aſſez inſtruits dans les commencemens pour employer l'argent deſtiné aux chemins qu'on vouloit bien me confier : les mêmes raiſons m'ont empêché de prendre des enfans orphelins dans ces premiers momens.

Cet Etang, dont la chauſſée a ſoixante-cinq toiſes de longueur, ſur dix pieds de hauteur vers la bonde, contient deux cent trente-neuf toiſes cubes; elle a quatre pieds de large à ſon couronnement, & trois pieds par pied de talut intérieur, ou trente pieds d'empatement en dedans de l'Etang, & deux pieds par pied de talut extérieur, ou vingt pieds d'empatement en dehors de l'Etang.

Le conroy a été fait de ſix pieds de large vers la bonde, & de deux pieds de large dans tout le reſte de la chauſſée, fondée de trois ou quatre pieds, au moins, au-deſſous du terre-plein, & juſqu'à huit ou neuf pieds dans le tiers de la chauſſée, parce que le ſol n'étoit que du ſable, ce qui a obligé de tranſporter beaucoup de terre glaiſe d'un côté du vallon à l'autre, le ſol d'un côté étant de la glaiſe, & l'autre du ſable.

Le Sergent, les quatre Soldats, les pionniers, & les quatre enfans qui ont été employés à la conſtruction de cet Etang, ont dépenſé huit cent livres, le bois employé pour la bonde, ou le déchargeoir, eſt de valeur de cent cinquante livres; la façon des charpentiers a coûté 50 livres : ce qui fait environ mille livres pour la totalité de la dépenſe.

Le lit du ruiſſeau qui paſſe dans le vallon où cet Etang a été conſtruit, étant fort tortueux & embarraſſé de racines, on a été obligé de faire un nouveau lit de ſix pieds de large, ſur deux ou trois de profondeur. La terre de ce nouveau lit a été transportée presque par-tout dans l'ancien à la brouette; néanmoins ce petit canal qui a mille cinq cent toises de longueur, n'a coûté que trois cent livres, ce qui fait quatre sols la toise courante l'une dans l'autre.

Cette construction ne fut pas plutôt achevée, que l'on boucha l'Etang, & on voitura environ cinquante voies de bois au-dessous, pour essayer un flot. Etant pressé d'aller en Forez, tant pour former mon nouvel établissement pour les chemins, que pour examiner les armes du régiment des Gardes, dont on m'avoit chargé, je n'eus pas le tems d'attendre que cet Etang fût totalement plein; il étoit environ au tiers quand on leva la bonde ou empalement, dont l'ouverture à dix-huit pouces de hauteur, sur dix-neuf de large. La pelle levée seulement de quatre pouces, donna assez d'eau pour transporter le bois à plein canal. Le bois fut jetté en moins d'une heure, & la tête du flot parcourut cet espace de mille cinq cent toises en demi-heure. Le bois alla tout seul, & il ne falut aucun ouvrier pour le conduire. Le bois arrivé à l'ancien lit tortueux & embarrassé de racines, alloit quatre fois moins vîte, & les bûches qui s'arrêtoient dans les inégalités de la rivière, obligeoient dix-huit ouvriers à pouſſer les bûches fréquemment; de ſorte que d'après cette expérience, & celles qui ont été faites en ce genre, il y auroit un grand profit pour le public d'avoir par-tout des étangs pour favoriſer le flottage. On gagneroit encore à faire à leur ſuite de pareils canaux, qui ſeroient toujours plus commodes pour le flottage, que le lit ordinaire des rivières, ſouvent plus diſpendieuſes à nettoyer que l'ouverture d'un lit neuf pour les petits ruiſſeaux. On pourroit même ſe ſervir de ces petits canaux en bien des lieux pour irriger des prairies, leſquels procureroient un double avantage (1).

Pendant ce flot, les ſoldats & pionniers furent occupés à réparer ſix cent toiſes de chemin dans la Paroiſſe du Breuil, qui depuis cinq ans ne l'avoient

---

(1) On trouve de plus amples détails ſur le flottage des bois, dans un petit Ouvrage intitulé *Légiſlation ſur le flottage des Bois*, qui ſe vend, à Paris, chez Clouſier, Imprimeur, rue Saint-Jacques.

point été ; il n'en coûta cependant que deux ſols la toiſe courante l'une dans l'autre.

Pendant qu'on s'occupoit à ces divers travaux, le nommé Claude Minard, un de mes Cenſitaires, vint me trouver, pour me prier de lui rendre, diſoit-il, un des plus grands ſervices qu'il pût jamais déſirer ; c'étoit d'affranchir ſes fonds des cens qu'il me devoit, objet d'environ vingt-deux ou vingt-trois livres par année, & m'offrit en même tems de payer mille livres pour cet affranchiſſement, en y comprenant le droit de lods, & quelques corvées dont il étoit chargé, & ſur-tout de la ſolidité dont il étoit tenu pour d'autres cens quatre fois plus forts que ceux qu'il devoit, leſquels étoient affectés, tant ſur ſes fonds, que ſur ceux qu'il ne poſſédoit pas.

Je lui promis d'examiner ſa propoſition, & lui dis de revenir quelques jours après, pendant leſquels je raſſemblai les raiſons qui pouvoient me déterminer à accepter ou réfuſer cette propoſition. Elles m'ont paru ſi intéreſſantes, que je n'héſite pas d'en rendre compte, d'après la lettre que M. le Comte de Maurepas m'a fait l'honneur de m'écrire, par laquelle Sa Majeſté annonce qu'elle verra toujours avec plaiſir ce qui peut contribuer au bonheur public. Je commencerai d'abord par le récit de ce qui m'eſt arrivé à l'occaſion de ce genre de bien.

Premièrement. Je poſsède des vignes en Bourgogne, qui ſont chargées d'un cens de ſix feuillettes, & vingt-huit pintes de vin par an : cette rente, qui eſt en totalité de dix-huit feuillettes, eſt affectée ſur les vignes de pluſieurs autres propriétaires, qui tous ſont ſolidaires avec moi pour la totalité du cens.

Cette rente avoit été payée par mes ancêtres ſur le pied de ſix feuillettes juſtes pendant un très-grand nombre d'années; mais les Bénédictins de Saint Marcel de Châlons, à qui appartiennent ces rentes, ayant fait aſſigner l'un des propriétaires de ces vignes, pour payer tous les arrérages depuis vingt-neuf années en deniers ou quittances, ce co-poſſeſſeur fut d'abord contraint de payer, ſauf ſon recours contre les autres tenanciers : il fit enſuite faire un nouvel arpentage de toutes les vignes, par lequel on reconnut que mes vignes devoient payer vingt-huit pintes de plus.

Ce Paysan me poursuit, & me demande vingt-neuf années d'arrérages de ces vingt-huit pintes : l'assignation est donnée illégalement pendant que j'étois à mon régiment. A mon retour, j'apprends que j'ai un procès, & qu'on a saisi mes vins : je consulte, on me dit que j'ai tort dans le fond; mais que la procédure est irrégulière; je suis obligé de prendre un Procureur, par la voix duquel j'offre les arrérages que je dois. Ma Partie adverse refuse de les accepter, & insiste sur les frais.

L'affaire étoit au Parlement de Dijon, où la multiplicité des écritures alloit obliger les Juges à faire rapporter cette affaire par un Commissaire, ce qui auroit coûté, dit-on alors, plus de six mille livres : dans ces circonstances, je crus devoir offrir à ma Partie adverse une somme plus forte que celle qui m'étoit conseillée par mon Avocat. On fit une transaction, & cette affaire finie par accommodement, me coûta cependant deux mille livres.

Secondement. Je possédois en Forez des fonds dans la directe d'un Gentilhomme de mon voisinage, qui, après m'avoir fait les premières demandes de vingt-neuf ans de cens, les fit ensuite faire en Justice, crainte de perdre une année d'arrérages. Comme le service militaire ne me permettoit pas de tenir mes papiers en aussi bon ordre que ceux de mon voisin, je ne pus trouver pour lors les quittances que j'avois de ce cens; je fus contraint de payer les vingt-neuf années, & les frais qui excédoient le montant des cens; peu d'années après, je retrouvai une quittance de ce cens pour quatorze années qui m'ont été restituées.

Troisièmement. Je possédois aussi en Forez une ferme dans la censive d'un de mes voisins, lequel me fit la demande de vingt-neuf années d'arrérages en m'envoyant l'état des cens qu'il répétoit; cet état différant un peu de ceux qui m'avoient été donnés précédemment, je me déterminai à demander du tems pour éclairer cette petite erreur, en promettant de ne point me prévaloir du délai demandé, & de payer toujours les vingt-neuf années échues, avec celles qui échéroient à l'avenir. Peu d'années après, il m'est donné un nouvel état plus fort encore que le précédent, c'est-à-dire, qu'on me demandoit pour chaque année un plus grand nombre de mesures de grains; on ajoutoit que le

Commissaire à Terrier, qui venoit d'être employé, avoit trouvé des omissions dans le travail de ceux qui avoient précédés.

Pour refuser le paiement de la nouvelle demande, il auroit fallu prendre un Commissaire à Terrier, pour en faire l'examen à dix livres par jour. La ferme avoit été vendue dans l'intervalle de ces différentes demandes, le Paysan qui l'avoit achetée, ayant refusé de payer la moitié de cet examen, je crus devoir préférer de payer les arrérages demandés, & le Paysan est chargé, pour l'avenir d'un cens, peut-être, plus fort qu'il ne le doit.

Si j'ai été exposé à tant de pertes vis-à-vis de mes égaux, que doit-il arriver aux malheureux Paysans, qui ne savent ni lire, ni écrire, & sont par conséquent la victime de la cupidité des Procureurs, des Commissaires à Terrier, & des Fermiers de ces sortes de droits, qui, à l'insu des Seigneurs, perçoivent souvent plus qu'il ne leur est dû.

Convaincu de tous ces désordres, j'ai pris le parti de recevoir moi-même les cens qui me sont dûs en Bourgogne, mais je suis obligé de donner cinquante quittances par année pour recevoir mille livres de revenu, & de faire tous les comptes minutieux de chaque Censitaire, qui absorbe un tems considérable; on va voir maintenant ce qui m'est arrivé en Forez, où mes Terriers ne sont pas aussi en ordre qu'en Bourgogne, par une infinité de raisons locales, qu'il seroit trop long d'insérer ici.

Quatrièmement. Je possède en Forez des rentes nobles, éparses dans plusieurs Paroisses, en toute propriété; je possède aussi, par engagement, un Terrier qui appartient au Roi. Ces différens objets ayant toujours été affermés, j'aurois désiré pouvoir en savoir au juste le produit, & en faire moi-même la recette, par les mêmes raisons qui m'ont déterminé à la faire en Bourgogne. Je remis, à cet effet, tous mes titres entre les mains d'un Commissaire à Terrier, qui se chargea de faire cette recette sous la remise du cinquième. Qu'est-il arrivé? Le Commissaire à Terrier a perçu, pendant quelques années, les articles les plus aisés dont il a eu le cinquième, a laissé les articles qui exigeoient un peu de travail. Finalement, j'ai été obligé, pour éviter un procès avec le Commissaire à Terrier, qui auroit obtenu délai ſur délai en Juſtice, qui n'auroit peut-être pas eu de quoi répondre, ſi la diſcuſſion eût été longue; j'ai été néceſſité de vendre à ce Commiſſaire tous ces arrérages au prix qu'il a voulu, ou peu s'en faut, aux conditions, à la vérité, de me remettre tous les travaux néceſſaires pour faciliter cette perception; mais qui ne ſont point encore remplies, quoiqu'il y ait maintenant ſept années d'échues, qui ne peuvent me rentrer que lorſque ce Rénovateur aura rempli ſes engagemens.

D'après les faits que je viens de rapporter, je me ſuis déterminé pour l'affranchiſſement, bien convaincu; 1°. de la cherté des Rénovateurs; 2°. de la difficulté de trouver de bons Commiſſaires, qui la plupart travaillent ſans principes, d'où réſulte quelques erreurs ſi conſidérables ſur les contenues, qu'ils les doublent & les triplent; erreur qu'ils croyent faire excuſer en ſe ſervant du terme d'environ; 3°. de la variation journalière des placemens par les changemens des chemins, des rivières, & ſur-tout par toutes les améliorations faites en Agriculture, qui ont obligé les Propriétaires à changer la nature des fonds. 4°. Il eſt certain que l'Agriculture ſouffre

ſouffre par la privation de l'argent employé aux procès de ce genre, qui rendent la Nobleſſe pareſſeuſe, détourne le payſan de ſes travaux, & empêchent les uns, & les autres de mettre en améliorations ce qu'ils dépenſent en procès. 5°. Ce qui occaſionne encore bien des procès, eſt la différence des meſures dont on ſe ſert en bien des lieux pour la contenue des fonds, notamment en Forez où la meſure appellée métérée, contient, ſelon certains Commiſſaires, trois cens ſoixante-quinze toiſes, ou mille cinq cent pas de trois pieds, ſelon d'autres, deux cent ſoixante toiſes quarrées, ou mille cinq cent pas de deux pieds & demi, & ſelon quelques autres, enfin, cent ſoixante & treize toiſes quarrées & un tiers, ou mille pas de deux pieds & demi. 6°. Puiſque ces ſortes de droits donnent tant de peine à des gens inſtruits, ils doivent produire bien moins aux militaires qui n'ont pas le tems d'examiner des objets ſi difficultueux, & aux femmes qui ne ſont pas habituées aux affaires.

J'ai vu, en effet, pluſieurs de mes voiſins dans ces poſitions, ſe trouvant dans l'impoſſibilité de percevoir ces redevances, les laiſſer arrérager; les

Censitaires changent pendant ce tems-là ; la perception devient alors plus difficile : vient enfin un moment où les facultés permettent de prendre un Commissaire, auquel on abandonne le quart ou la moitié des échus, selon l'état des terriers, ou les lumières du Seigneur, qui, toujours inférieures à celles du Commissaire, ne peut faire qu'un mauvais marché. Le Seigneur, flatté quelquefois de quelques recouvremens inattendus, encourage son Agent, & avance des fonds pour plaider. On améliorera, dit-on, un terrier ; mais cette amélioration n'est souvent qu'une augmentation injuste des cottes des Censitaires. Le Censitaire menace-t-il de se défendre, le Commissaire lui offre de composer, lui fait quelques graces prétendues, que le Paysan accepte souvent. Mais le Commissaire disparoit-il, ou change-t-il de Province, un nouveau Censitaire, à son aise, instruit, découvre les impéritiés, ou la mauvaise foi du Commissaire, plaide contre le Seigneur, se réunit à d'autres Censitaires, pour obtenir une diminution de cens ; le Seigneur obligé de restituer un argent dont le Commissaire a eu la plus grande partie, perd encore quelquefois sa réputation, & il ne lui reste souvent aucuns recours contre un homme qui a délogé & ne possède rien.

Aussi touché des malheurs auxquels sont exposés les Censitaires, qu'à ceux même des Seigneurs, je me suis déterminé à accepter les propositions de Claude Minard. J'ai affranchi ses fonds pour mille livres, des cens, lods, corvées, & de la solidité dont ils étoient grevés; je lui ai seulement laissé un denier de cens, pour qu'il ne fût pas sujet à payer le droit de franc-fief, & je ne me suis réservé que les droits honorifiques, qui sont nécessaires pour conserver une distinction utile entre les Nobles & le Peuple.

DÉTAIL

Des Travaux faits en Forez pendant les six premiers mois de l'année 1778.

On répara d'abord deux brèches que la Loire avoit faites sur la route de Lyon à Clermont près Feurs, dont l'une avoit douze toises de longueur, dix-huit pieds de largeur, & autant de profondeur. Le pont qui étoit sur cette partie de chaussée, avoit été emporté par les eaux. Cette première réparation a coûté trois cent livres.

La seconde brèche, près la rivière de Lignon, avoit seize toises de longueur & quinze pieds de profondeur; il en a coûté trois cent livres, non compris les voitures fournies par mes Métayers, & mes chevaux qui y ont été employés, sans quoi cette dépense auroit excédé quatre cent livres, attendu le talut considérable qu'il a fallu donner sur le bord de la rivière.

Cette chaussée ayant été surpassée dans un autre endroit par ce débordement extraordinaire, il a fallu l'élever encore de six pouces, ce qui a coûté huit sols la toise courante: au moyen de quoi cette chaussée n'a plus que quinze pieds à son couronnement, ce qui est trop étroit pour une grande route, elle auroit besoin d'être élargie de cinq pieds; ce qui seroit suffisant.

On avoit d'abord voituré du sable & du gravier sur une partie de ce chemin en chaussée: mais il a fallu y voiturer ensuite de la bonne terre, pour les lier ensemble, ce qui rend maintenant le chemin plus solide & plus uni.

On fit ensuite sur les bords de la

rivière de Lygnon, des petites digues, pour empêcher cette rivière de ruiner le chemin, lesquelles ont été faites avec des piquets de chênes enfoncés au maillet, & entrelassés de branches de taillis, chargées en avant de gravier qui a été transporté à la brouette. Ces quatre petites digues, qui ont environ dix à douze toises de longueur l'une dans l'autre, n'ont coûté que quatre-vingt-dix livres, non compris, à la vérité, le bois, objet d'environ trente livres que j'ai fourni.

Pour descendre de cette chaussée sur le bord de la rivière de Lygnon, j'y, ai fait faire une rampe de dix-huit pieds de large, de vingt-huit toises de longueur, sur quatre pouces de pente par toise; le gravier pour la ferrer a été pris de l'autre côté de la rivière; on mettoit les brouettes dans un bateau, qu'une partie des Ouvriers menoient sur le chemin, pendant que les autres les chargeoient.

Cette rampe, qui a cinq pieds de hauteur vers la chaussée, & va en diminuant jusqu'au bord de la rivière, a coûté cinquante une livres, y compris le ferré. Il seroit extrêmement nécessaire de faire de pareilles rampes à tous les abords des bateaux ; ils ont communément un pied de pente par toise, quelquefois plus, ce qui occasionne des accidens fréquens, soit à l'entrée, soit à la sortie des bateaux.

Cette rampe, l'exhaussement de la chaussée, & la réparation du chemin sur l'étendue de mille soixante-onze toises, a coûté trois cent vingt-sept livres.

La seconde partie de cette même route qu'on a réparée, étoit un chemin fait sur vingt-quatre pieds de large en 1772, que les Cultivateurs avoient repris sur le public, quoiqu'elle eût été cédée par le Propriétaire : ce qui prouve la nécessité de faire des fossés pour servir de bornes & empêcher les Cultivateurs de s'emparer des chemins, ce qui n'est que trop ordinaire, la plupart, les changent même souvent de place lorsque les terres ne se sément que tous les deux ans, ce qui rend les chemins toujours mauvais : ce chemin a été remis à dix-huit pieds de large, & on y a fait des fossés de trois pieds de large de chaque côté, sur un pied & demi de profondeur : la toise courante a coûté dans cette partie trois sols : cette seconde partie a coûté cent vingt-six livres, dont trois cent toises ont été faites à neuf, & les cent vingt-sept toises restantes de cette seconde partie ont été seulement réparées.

Cette réparation a coûté un peu plus que les autres, tant à cause d'une chaussée d'étang sur laquelle passe le chemin; que par rapport à la neige qui tomba dans ce tems-là; car tous les chemins faits ou réparés en hiver, coûteront toujours plus que dans la belle saison, & ne seront jamais aussi bien faits. On doit faire observer ici que tous les chemins qui passent sur les chaussées d'étang, sont toujours sujets à de grosses réparations, peuvent être impraticables d'un moment à l'autre, & sont sujets à des accidens lorsque les chevaux sont ombrageux.

La troisième partie de cette route, est quatre cent toises de chemin neuf sur la même ligne droite, dans des fonds que M. de Poncins, ancien Officier aux Gardes Françoises, a bien voulu céder au public; le sol étoit glaiseux; il y avoit des fossés & des ravins à combler; néanmoins la toise courante n'a coûté, l'une dans l'autre, que six sols & demi, ce qui fait cent trente-une livres pour cette partie, qui a été ferrée depuis par les corvées ; mais quelqu'attention qu'y ait apporté le Directeur, les uns y ont voituré des terres trop grasses, les autres y ont mis une trop grande quantité de gravier, ce qui a augmenté la dépense, tant il est difficile de mettre de l'ensemble & de l'ordre parmi des gens qui ne connoissent point la subordination, & qui sont désorientés, dès qu'il est question d'un travail, auquel ils ne sont pas habitués.

Le 11 Mars, on avoit dépensé en total sur la route de Lyon à Clermont mille deux cent soixante-quatorze livres, dont six cent livres m'ont été remboursées par les deux Communautés voisines, dont j'avois fait prendre l'adjudication, pour faire part au Public de l'emploi de cet argent, & pour que le chemin fût mieux fait.

On fit, peu de tems après, bomber cent vingt toises de chemin sur cette même route, sur quatre pouces de pente par toise dans la largeur de dix-huit pieds, sur les bords de la Loire, qu'on a recouvert ensuite de six pouces de gravier ; ce qui a coûté vingt-quatre livres pour le nivellement. Les Habitans de la Paroisse de Clépé ont voituré le gravier pour le ferrer ; ce qui auroit coûté un peu plus que le nivellement que j'avois fait faire à la décharge des Habitans, qui y auroient perdu beaucoup de tems.

État de la dépense, & du toisé du Chemin de Feurs à Montbrison.

LE 12 Mars, on commença à travailler au chemin de Feurs à Montbrison ; un Camp fut établi à cet effet sur les lieux, où furent transportés tous les outils nécessaires, pour que les Ouvriers ne perdissent pas un moment.

La première partie de cent quatre-vingt-dix-neuf toises étoit un chemin creux de vingt quatre pieds de large, dont les terres avoient été prises pour élever la chaussée faite par Corvées, dont il a été parlé. Cette partie de chemin qui a neuf à dix pieds de profondeur en quelques endroits, n'étoit ni bombée ni fossoyée, de sorte que les sources qui jaillissoient des deux côtés, formoient des glaces pendant l'hiver qui rendoient ce chemin très-mauvais.

Il en a coûté pour y faire des fossés de trois pieds de large & recharger le milieu pour le bomber sur deux pouces de pente par toises, quatre-vingt-quatre livres douze sols, il en eût coûté moitié moins, si ce chemin n'avoit eu que dix-huit pieds de large, parce qu'il faut brouetter une partie des terres, lorsque la largeur des chemins excède dix-huit pieds. Or comme cette largeur de dix-huit pieds est bien suffisante pour que deux voitures passent à côté l'une de l'autre de quelques matières qu'elles soient chargées; on pense qu'il n'en devroit être ouvert sur une plus grande largeur qu'aux abords des Grandes Villes, ou sur des routes extraordinairement fréquentées: car dans les déblais ou remblais faits dans les montagnes, un chemin de vingt-quatre pieds de large pourra coûter quelquefois le triple & le quatruple d'un chemin qui n'en aura que dix-huit; mais dans les rochers, où les pentes sont ordinairement plus fortes, six pieds de largeur de plus peut coûter infiniment davantage.

La seconde partie de quatre cent quarante toises faites sur dix-huit pieds de large avec des fossés de trois pieds, a coûté cent cinquante-trois livres: savoir quatre sols six déniers la toise courante dans les terres où le chemin a été tracé en ligne droite du consentement de M. de Bigny, qui a bien voulu céder ce terrein au public ; & la toise courante dans les endroits, où il a fallu arracher des hayes & des arbres pour élargir le chemin, a coûté treize sols; le premier particulier qui a consenti à cet élargissement a reçu pour dédommagement du terrein qu'il avoit cédé, vingt-cinq livres seize sols; on lui a fait faire une autre haye pour que son champ fût clos comme auparavant.

On observera à ce sujet, que lorsqu'il y a une Loi dans un pays qui y détermine la largeur des chemins, les propriétaires ne peuvent se refuser à l'élargissement fixé par la loi ; mais lorsque la loi n'a rien déterminé, l'élargissement devroit être payé aux propriétaires comme une route nouvelle, sauf au propriétaire dédommagé à payer sa cotte-part des dédommagemens & frais de Construction. En Bourgogne, par exemple, où plusieurs Arrêts du Parlement & nombre d'Ordonnances de M. M. les Elus chargés de cette partie de l'administration, ont fixé la largeur des chemins de Paroisse à Paroisse & de Village à Village à dix-huit pieds; nul propriétaire ne peut s'y refuser ; mais en Forez où il n'y a jamais eu de loi précise à ce sujet, un propriétaire seroit en droit de demander un dédommagement.

Il est vrai que par-tout, lorsque les chemins sont une fois élargis, & que le public en a joui, il devroit être défendu, sous peine d'amende pour la Noblesse, & de prison pour le peuple, d'y faire aucune espèce de dégradation. Il devroit être établi à cet effet des Commissaires qui n'auroient dans leur district que le nombre de Paroisses qu'ils pourroient surveiller. S'ils étoient payés ils rendroient compte au Subdélégué, & ce dernier aux Intendans: mai si les militaires se chargeoient de la construction des chemins de leur voisinage, ils pourroient se charger de cette inspection qui ne coûteroit alors rien à l'Etat, & seroient peut-être mieux faits, car ce qu'on fait par honneur est toujours mieux fait que ce qu'on fait par un motif pécuniaire. Cependant il seroit toujours nécessaire que les jugemens rendus contre les infracteurs fussent publiés dans les Paroisses voisines du délit, non-seulement pour servir d'exemple, mais pour obliger les Commissaires à mettre plus d'équité dans leurs jugemens, étant plus facile de tromper un Supérieur que le public.

La troiſième partie de deux cents dix-neuf toiſes, faites ainſi que tout le reſte de la route ſur dix-huit pieds de large, a été tracée en tournant une montagne de ſoixante treize pieds de hauteur. Le chemin étoit ſi mauvais dans cette partie, que pendant que l'on travailloit à faire un chemin neuf, il paſſa deux rouliers dans le vieux, dont les charrettes attelées de quatre chevaux ne purent monter la montagne à diverſes repriſes qu'en attelant ſept chevaux à chaque charrette, encore fallut-il dix-huit ouvriers pour leur aider. Le nouveau chemin fait dans cette partie, ne monte que de quatre pouces par toiſes; il y a eu des déblais à faire de ſept à huit pieds dans quelques endroits qu'on n'a pu éviter. On y a arraché pluſieurs arbres & beaucoup de taillis en traverſant la garenne de M. de Poncins, ſur une eſpace de cent trente-huit toiſes qu'il a bien voulu céder au public. La dépenſe faite à cette montagne ſur l'étendue de deux cent dix-neuf toiſes, a coûté trois cent dix livres un ſol, ce qui fait environ vingt-ſept ſols la toiſe courante.

La quatrième partie de ſept cent quarante neuf toiſes, a été tracée en ligne droite du conſentement des propriétaires qui ont poussé leur générosité jusqu'à laisser couper leurs bleds, notamment M. de Poncins, une pièce de deux cent soixante-dix toises; le sieur Farley quatre-vingt-six toises, le sieur Maga soixante-quatorze toises, & le sieur Chassain soixante-dix-neuf toises : les cent quarante toises restantes ont été tracées dans des terres labourées. Cette partie a coûté cent soixante-dix-neuf livres onze sols.

La cinquième partie de mille huit cent six toises, a été tracée aussi en ligne droite, du consentement des propriétaires. Ceux qui ont fait les plus grands sacrifices dans cette partie, sont M. de Borne qui a laissé couper une pièce de bleds dans la longueur de trois cent vingt-quatre toises.

M. de Poncins, M. le Conte & quelques autres personnes en ont laissé couper d'autres parties, le surplus étoit des terres labourées. Cette partie de chemin qui a coûté quatre cent cinquante-trois livres deux sols, est placée sur un sol si sablonneux, qu'on sera obligé d'en ferrer cinq à six cents toises avec de la glaise qu'on trouve presque partout en cet endroit en creusant quelques pieds, on a lieu de conjecturer que deux ou trois pouces de glaiſe donneront à ces ſables de la liaiſon, puiſque les parties qui ont été un peu mêlangées, avec la glaiſe trouvée dans les foſſés, ſe ſont raffermies. On croit cependant que s'il paſſoit ſouvent dans ce chemin des voitures chargées de cinq à ſix milliers, on ſeroit obligé d'y joindre un peu de gravier. Cette cinquième partie aboutit à un orme de remarque, ſi beau, qu'on l'a laiſſé au milieu du chemin ; on a fait autour de l'arbre une étoile de dix toiſes de diamètre, autour de ſon pied un banc de gazon pour repoſer & rafraîchir les Voyageurs.

La ſixième partie de cinq cent dix toiſes a été tracée, partie en ligne droite, partie en ſuivant l'ancien chemin juſqu'à un étang, à travers duquel paſſent quelques voyageurs. On projette de faire une chauſſée au-deſſus du chemin, de quatre pieds de hauteur, qui coûtera quatre fois moins que d'élever le chemin à cette même dimenſion. En attendant qᵾe cet étang ſoit pêché & qu'on puiſſe continuer la route qûi a été faite juſqu'au bord de l'eau, on a réparé & nivelé l'ancien qui fait le tour de l'étang. M. Duguet a laiſſé couper dans cette partie de très-beaux bleds, ſoit pour aligner, ſoit pour élargir le chemin. M. le Curé de Magneux, M. le Conte, & le ſieur Jaquet en ont auſſi laiſſé couper; c'eſt dans cette partie qui a coûté cent quarante-ſept livres dix-ſept ſols, qu'on a commencé à faire des foſſés de quatre pieds de large, ayant reconnu que ceux qui n'avoient que trois pieds, étoient trop étroits à cauſe des talus qu'on a été obligé de leur donner, le ſol étant preſque par-tout ſablonneux.

La ſeptième partie de ſix cent ſoixante toiſes, commençant à l'étang Jangoulain, a été tracée en ligne courbe, ſuivant auſſi l'ancien chemin ou à-peu-près. Les propriétaires ſe ſont cependant prêtés à l'élargiſſement, notamment M. de Borrevert qui a laiſſé couper de très-beaux bleds, dont une partie a été traverſée en entier, en abandonnant entièrement l'ancienne route. M. l'Abbé Bourg a promis de faire faire à ſes frais, après la moiſſon, la partie qui fait un petit détour. Cette ſeptième partie a coûté deux cent vingt-trois livres dix ſols.

La huitième partie, de ſept cent trente-quatre toiſes, finie le 9 Mai, a coûté deux cent cinquante-ſix livres quinze ſols neuf deniers. On a ſuivi l'ancienne route en quelques endroits: on a coupé en ligne droite en quelques autres ; par-tout, cependant, le chemin a dix-huit pieds de large, non-compris les foſſés qui en ont quatre, ce qui fait vingt-ſix pieds que les propriétaires ont cédé.

Quoique le ſol fût ſablonneux, mélangé de quelques parties de terre glaiſe, la dépenſe a été un peu plus forte, parce que les chaleurs commençoient à rendre la terre plus dure.

La neuvième partie, de ſix cent quatre-vingt-dix toiſes, finie le 16 Mai, a coûté deux cent ſoixante-quinze livres ſix ſols trois deniers, & ſe termine à la rivière de Vizezi, ſur laquelle M. Delamure, zélé patriote, a fait faire à ſes frais un petit pont en bois, ſur lequel peuvent paſſer les gens de pied, & même les chevaux dans un preſſant beſoin ; ce bon patriote a laiſſé couper ſes bleds & aligner le chemin dans plus de la moitié de cette partie. Pour rendre le gué de cette rivière plus facile, on y a adouci les pentes ; la plus forte n'eſt que de quatre pouces par toiſe.

La dixième partie, de ſept cent toiſes, finie le 23 Mai, a coûté deux cent ſoixante-onze livres dix-ſept ſols neuf deniers. Il a fallu, dans cette partie, traverſer le village de Champ, dont le ſol glaiſeux a de beaucoup augmenté la dépenſe; après le village, il y a près de ſix cent toiſes, tracées en ligne droite, dans les terres de M. de Lamure, un de ceux qui a fait le plus grand ſacrifice.

La onzième partie, de ſix cent toiſes, a coûté deux cent trente-ſept livres quatorze ſols, dont les deux tiers ont été tracés en ligne droite dans les bleds & terres labourées de M. de Lamure & de M. de Marcilly.

La douzième partie, de quatre cent dix toiſes, finie le 6 Juin, a coûté deux cent ſoixante-onze livres dix-neuf ſols ſix deniers. La dépenſe a été plus forte que les autres, parce qu'on a ſuivi partout l'ancien chemin, lequel étant plus bas que les terres voiſines & ayant des cavités de diſtance en diſtance, a exigé des remblais, dont partie n'a pu ſe faire qu'à la brouette.

La treizième partie, de deux cent quarante toiſes, finie le 13 Juin, a coûté deux cent quarante-ſept livres douze ſols, ce qui eſt encore plus diſpendieux que la précédente partie ; mais il a fallu faire deux rampes pour aborder la chaussée d'un étang, où il a fallu un remblai de trois à quatre pieds ; cette chaussée même a exigé une dépense plus forte qu'un chemin ordinaire.

La quatorzième partie de deux cent soixante-quinze toises, a coûté deux cent cinquante-huit livres quatre sols trois deniers ; il s'est trouvé dans cette partie, & dans la précédente, des prairies à traverser, où le chemin étoit si mauvais & si rempli de cavités, que pour l'élever au-dessus du niveau des prairies qui sont très-exposées aux inondations, on a fait un remblai d'environ deux pieds : il s'est trouvé heureusement dans la prairie voisine, des sables qui ont servi à ferrer ce chemin qui en avoit besoin.

On y a fait deux cassis pour l'écoulement des eaux, en attendant qu'on puisse y faire un pont ; on pourra encore élever ce chemin, si on le juge nécessaire, après les premières inondations, & élargir les fossés auxquelles on a donné, en attendant, six pieds de large, non compris leurs talus.

La quinzième partie finie le 27 Juin, de deux cent quarante-cinq toises, a coûté deux cent ſoixante-trois livres, onze ſols, neuf deniers; cette partie a été diſpendieuſe, parce qu'il a fallu creuſer les foſſés dans des terres graſſes avec le pic, & parce qu'il s'eſt trouvé une autre partie entre des prairies ſi concave, que le chemin ſervoit à l'écoulement des eaux, ce qui le rendoit impraticable pendant les gelées. On a été obligé, pour rendre le chemin convexe, & le bomber ſur cinq pouces de pente par toiſe, de jetter deux pieds de terre dans le milieu.

La ſeizième partie finie le 4 Juillet, de ſoixante-quinze toiſes, dont cinquante toiſes en chauſſée, & vingt-cinq réparées, a coûté quatre-vingt-trois livres, ſept ſols, ſix deniers.

La moiſſon étant ſurvenue, les Ouvriers n'ont pas voulu continuer ces travaux; ce qui reſte à faire conſiſte en ſept cent vingt toiſes, dont près de la moitié a des foſſés de chaque côté, & a dix-huit pieds de large. C'eſt à ce point que ſe réuniſſent deux chemins qui aboutiſſent à deux portes différentes de la Ville.

La totalité de la dépenſe qui a été faite ſur l'étendue de huit mille cinq cent cinquante-deux toiſes, a coûté trois mille ſept cent quarante-trois livres, dix-ſept ſols, neuf deniers, ce qui fait huit ſols, neuf deniers la toiſe courante. Quatre-vingt perſonnes ont contribué à cette dépenſe, dans laquelle je ſuis entré pour ſix cent dix-ſept livres.

Il n'eſt pas douteux que lorſque les Ouvriers connoîtront ces ſortes de travaux, on pourra les donner à prix fait au rabais, ce qui coûteroit, peut-être, un tiers meilleur marché.

DÉTAIL

Des Travaux faits en Bourgogne depuis le 24 Juillet 1778, juſqu'au premier Janvier 1779.

LE Sieur Jourdan, ancien Sergent au Régiment des Gardes Françoiſes, commandant en chef l'établiſſement fixé au Breuil, aidé du Sieur Drouhin, ancien Soldat au même Régiment, ont dirigé tous les travaux qui y ont été faits : on a employé à cet Etabliſſement cinq Pionniers, en attendant que les Militaires qui y ſeront admis ſoient parfaitement inſtruits, ce qui a empêché d'y employer plus de huit Enfans.

Cette petite division a fait, ou réparé, trois mille quatre cent quatre-vingt-quatre toises de chemin dans la Paroisse du Breuil, tant sur la grande route qui la traverse, que sur celles qui y aboutissent, ou sur d'autres très-utiles.

La dépense faite par cette petite Division montoit, au 1er. Janvier 1779, à mille trois cent cinquante-quatre livres, dix-neuf sols, trois deniers; ce qui fait environ sept sols, neuf deniers la toise courante l'une dans l'autre. Les parties de chemin faites à neuf, ont coûté entre douze & quinze sols la toise courante; celles qui n'ont été que réparées, ont coûté depuis un sol jusqu'à quatre : il est vrai que dans les parties réparées, il y en avoit plusieurs qui ne l'avoient point été depuis plusieurs années. On a lieu d'espérer que l'entretien ira toujours en diminuant à mesure qu'on acquérera plus d'expérience, & qu'on veillera plus souvent aux réparations. Dans cette dépense, est compris l'habillement des enfans.

On fera imprimer au mois de Juillet

1779, le détail des travaux qui auront été faits aux environs de Paris, en Berry & en Bourgogne pendant les six premiers mois de cette année ; & on déposera tous les mois, s'il est possible, ces détails, ainsi que l'état de la dépense, chez M. Duclos du Fresnoy, pour les personnes qui veulent s'y intéresser plus particulièrement.

Il est des pays où les chemins exigent des dépenses plus fortes les unes que les autres, ce qui nous engagera à rapporter aussi le détail des chemins, que les bons Citoyens feront faire à leurs frais dans leur Canton, dont voici déja un exemple.

M. le Comte de Saint-Didier vient de faire faire, à ses frais, six cent toises de chemin dans une montagne escarpée, où il a fallu faire des déblais considérables, & faire sauter des rochers avec de la poudre ; il en a coûté dix-huit cent livres. Ce chemin servira à la communication de la Paroisse d'Aurec, à la grande route du Puy à Saint-Etienne, où il n'étoit pas possible à une voiture ordinaire de passer, tant parce que la voie n'a que trois pieds & demi, que parce que les chemins sont embarrassés de pierres qui les rendent impraticables, de ſorte que les Habitans ſont obligés de tranſporter leurs denrées à dos de mulet, ce qui triple les frais de tranſport.

Noms

NOMS

Des Personnes qui ont accordé leurs suffrages aux Etablissemens proposés.

LE ROI,
LA REINE,
MONSIEUR,
MADAME,
M. LE COMTE D'ARTOIS,
Mde. LA COMTESSE D'ARTOIS,
Mde. ELIZABETH,
Mde. ADELAIDE,
Mde. VICTOIRE,
Mde. SOPHIE,
M. LE DUC D'ORLÉANS,
M. LE DUC DE CHARTRES,
M. LE PRINCE DE CONDÉ,
M. LE PRINCE DE CONTY,
Mde. LA PRINCESSE DE CONTY,
M. LE DUC DE PENTHIEVRE,
Mde. LA PRINCESSE DE LAMBALLE.

M. le Chevalier le Mayrat, Lieutenant aux Gardes Françoises.

M. le Marquis de Villers, Capitaine aux Gardes Françoises.

M. le Comte de la Vaquerie, Lieutenant aux Gardes Françoises.

M. du Gouyon, Capitaine aux Gardes Françoises.

M. de Catheville, Lieutenant aux Gardes Françoises.

M. le Comte du Dreneuc, Capitaine aux Gardes Françoises.

M. le Marquis de Marinville, Brigadier de Cavalerie.

M. l'Evêque de Châlon-sur-Saonne.

M. le Comte de Buffon.

M. Desgrigny, Capitaine de Grenadiers aux Gardes Françoises.

M. le Marquis de Rochegude, Lieutenant-Colonel des Gardes Françoises.

M. de Lauriere, Lieutenant aux Gardes Françoises.

M. le Duc de Charost, Maréchal de Camp.

M. le Vicomte de Vaudreuil, Lieutenant-Général.

M. le Comte de Dampierre, Capitaine de Grenadiers aux Gardes Françoises.

M. le Comte de Larboulerie, Aide-Major des Gardes Françoises.

M. le Chevalier de Maleyssie, Capitaine aux Gardes Françoises.

M. de Flesselles, Intendant de Lyon.

M. de Vieuxmaison, Conseiller au Parlement.

M. le Marquis de Caraman, Brigadier de Dragons.

M. le Maréchal Duc de Brissac.

M. le Comte de Mathan, Maréchal de Camp.

M. Delafelle, Lieutenant aux Gardes-Françoises.

M. le Marquis de Vizé, Lieutenant-Colonel des Gardes Françoises.

M. le Prince Louis de Wirtemberg, Lieutenant-Général.

M. le Comte de Saint-Chamans, Maréchal de Camp.

M. le Comte d'Anteroche, Maréchal de Camp.

M. de Pontbriant, Capitaine aux Gardes Françoises.

M. de Chaban, Capitaine aux Gardes Françoises.

M. de Pierrevert, Aide-Major aux Gardes Françoises.

M. de Serquigny, Lieutenant aux Gardes Françoises.

M. de Beaurepaire, Capitaine de Grenadiers aux Gardes Françoises.

M. Decnenas de Grigny, Lieutenant aux Gardes Françoises.

M. le Marquis de Saint-Blancard, Lieutenant aux Gardes Françoises.

M. le Marquis de Radepont, Capitaine aux Gardes Françoises.

M. le Comte de Fenoyl, Capitaine aux Gardes Françoises.

M. le Comte de Baudouin, Capitaine aux Gardes Françoises.

M. le Marquis d'Hallot, Maréchal de Camp.

M. le Chevalier d'Artaignan, Lieutenant aux Gardes Françoises.

M. le Maréchal Duc de Clermont-Tonnerre.

M. le Comte de Clermont-Tonnerre, Lieutenant-Général.

M. le Marquis de Clermont-Tonnerre, Maréchal de Camp.

M. le Comte de Montessus, Lieutenant aux Gardes Françoises.
M. le Comte de Roussy, Lieutenant aux Gardes Françoises.
M. le Marquis de la Rocheboussseau, Capitaine aux Gardes Françoises.
M. le Marquis de Menilglaise, Lieutenant aux Gardes Françoises.
M. l'Archevêque de Toulouse.
M. le Comte de Baglion, ancien Capitaine aux Gardes Françoises.
M. le Comte de Miramont, Lieutenant aux Gardes Françoises.
M. l'Evêque de Mâcon.
M. le Marquis de Maubec, Lieutenant aux Gardes Françoises.
M. le Marquis de Bourron, Capitaine aux Gardes Françoises.
M. le Prince de Croy, Colonel du Régiment de Normandie.
M. le Comte Dunedo, Capitaine de Grenadiers aux Gardes Françoises.
M. le Baron de Montejean, Capitaine aux Gardes Françoises.
M. l'Evêque de Bayeux.
M. le Marquis de Moneſtay, Lieutenant des Gardes du Corps.
M. le Chevalier de la Tour, Maréchal de Camp.
M. de Bocquenſay, Lieutenant aux Gardes Françoises.
M. le Marquis de Gontaut, Lieutenant aux Gardes Françoises.
M. le Chevalier de Ste-Marie, Lieutenant aux Gardes Françoises.
M. l'Evêque d'Auxerre.
M. l'Evêque de Senlis.
M. le Marquis de Condorcet.

M. Delaselle, Lieutenant aux Gardes-Françoises.

M. le Marquis de Vizé, Lieutenant-Colonel des Gardes Françoises.

M. le Prince Louis de Wirtemberg, Lieutenant-Général.

M. le Comte de Saint-Chamans, Maréchal de Camp.

M. le Comte d'Anteroche, Maréchal de Camp.

M. de Pontbriant, Capitaine aux Gardes Françoises.

M. de Chaban, Capitaine aux Gardes Françoises.

M. de Pierrevert, Aide-Major aux Gardes Françoises.

M. de Serquigny, Lieutenant aux Gardes Françoises.

M. de Beaurepaire, Capitaine de Grenadiers aux Gardes Françoises.

M. Decnenas de Grigny, Lieutenant aux Gardes Françoises.

M. le Marquis de Saint-Blancard, Lieutenant aux Gardes Françoises.

M. le Marquis de Radepont, Capitaine aux Gardes Françoises.

M. le Comte de Fenoyl, Capitaine aux Gardes Françoises.

M. le Comte de Baudouin, Capitaine aux Gardes Françoises.

M. le Marquis d'Hallot, Maréchal de Camp.

M. le Chevalier d'Artaignan, Lieutenant aux Gardes Françoises.

M. le Maréchal Duc de Clermont-Tonnerre.

M. le Comte de Clermont-Tonnerre, Lieutenant-Général.

M. le Marquis de Clermont-Tonnerre, Maréchal de Camp.

M. le Marquis Dagout, Aide-Major aux Gardes Françoiſes.

M. le Comte de Montbel, Maréchal de Camp.

M. le Chevalier de Pryſye, Aide - Major des Gardes du Corps.

M. le Comte de Maurepas, Miniſtre d'Etat.

M. le Comte de Saint-Germain, Miniſtre d'Etat.

M. Taboureau, Miniſtre d'Etat.

M le Vicomte de Talaru.

M. l'Evêque de Coutances.

M. le Marquis de Fraguier, Lieutenant des Gardes du Corps.

M. le Comte de Nolivos, Maréchal de Camp.

M. le Maréchal Duc de Biron, Colonel des Gardes Françoiſes.

M. le Marquis du Sauzay, Major des Gardes Françoiſes.

M. le Comte de Vergennes, Miniſtre d'Etat.

M. le Marquis de Puiſſegur, Lieutenant-Général.

M. Amelot, Miniſtre d'Etat.

M. le Marquis de Cheriſey, Lieutenant des Gardes du Corps.

M. le Comte de Bailly, Lieutenant des Gardes du Corps.

M. le Chevalier d'Agueſſau, Lieutenant des Gardes du Corps.

M. le Marquis de Beauſſan, Lieutenant des Gardes du Corps.

M le Chevalier de Flahaut, ſous-Lieutenant des Gardes du Corps.

M. de Sartine, Miniſtre d'Etat.

M. le Garde des Sceaux

M. le Comte du Roure, Maréchal de Camp.

M. le Comte de Langeron, Maréchal de Camp.

M. le Comte d'Herrouville, Lieutenant - Général.

M. le Comte de Brienne, Maréchal de Camp.
M. Raimond de Saint-Sauveur, Maître des Requêtes.
M. d'Aligre, premier Président.
M. l'Archevêque de Lyon.
M. le Président Brisson.
M. l'Abbé de Farjonel, Conseiller au Parlement.
M. d'Ormesson, Conseiller d'Etat.
M. le Marquis de Bayers de la Rochefoucaut, Brigadier d'Infanterie.
M. de Bellanger, Conseiller d'Etat.
M. Trimond, Maître des Requêtes.
M. Clément de Feulllette, Conseiller au Parlement.
M. Boutin, Conseiller d'Etat.
M. de Beaumont, Conseiller d'Etat, & Président du Comité des Finances.
M. le Maréchal Prince de Soubise, Ministre d'Etat.
M. le Prince Ferdinand, Archevêque de Bordeaux.
M. le Marquis de Timbrune, Maréchal de Camp.
M. le Noir, Lieutenant-Général de Police.
M. de Blossac, Intendant de Poitiers.
M. le Comte d'Affry, Colonel des Gardes Suisses.
M. le Comte Louis d'Affry, Capitaine aux Gardes Suisses.
M. le Chevalier d'Affry, Capitaine aux Gardes Suisses.
M. le Comte d'Erlach, Capitaine aux Gardes Suisses.
M. le Président Tascher, Intendant de la Martinique.
M. l'Archevêque de Paris.

M. le Goutz de Saint-Seine, premier Président du Parlement de Dijon.
M. Necker, Directeur-Général des Finances.
M. le Maréchal Duc de Richelieu.
M. le Duc de Croy, Lieutenant-Général.
M. le Prince de Marsan, Lieutenant-Général.
M. le Comte d'Arenda, Ambassadeur d'Espagne.
M. le Comte de Pont Saint-Maurice, Lieutenant-Général.
M. le Comte de Creutz, Ambassadeur de Suède.
M. le Prince de Bariarinski, Ministre de Russie.
M. le Prince de Montbarrey, Ministre de la Guerre.
M. l'Evêque d'Alais.
M. le Maréchal Duc de Noailles.
M. le Comte de Loos, Ministre de l'Electeur de Saxe.
M. l'Evêque d'Autun.
M. l'Evêque de Sarlat.
M. le Marquis de Caraccioli, Ambassadeur de Naples.
M. de Cotte, Intendant du Commerce.
M. le Duc de Villeroy, Capitaine des Gardes du Corps.
M. le Duc de Fronsac, Maréchal de Camp.
M. Darget, Ministre du Prince Evêque de Liege.
M. de Rochechouart, ancien Evêque de Bayeux.
M. le Comte de la Galissonniere, Colonel-Commandant de la Légion de Flandre.
M. l'Abbé de Raze, Ministre du Prince Evêque de Bâle.
M. le Comte Desdorides, Lieutenant aux Gardes Françoises.
M. le Maréchal de Mouchy.
M. le Prince Doria, Archevêque de Seleucie, Nonce ordinaire du Pape.

M. le Comte de Banne, Maréchal de Camp.

M. le Marquis de Boury, Lieutenant aux Gardes Françoiſes.

M. le Vicomte de Stormond, Ambaſſadeur d'Angleterre.

M l'Eſtevenon de Berkenroode, Ambaſſadeur d'Hollande.

M. de Courteille, Capitaine aux Gardes Françoiſes.

M. le Baron de Blome, Envoyé extraordinaire de Dannemarck.

M. le Chevalier de Pimodan, Lieutenant aux Gardes Françoiſes.

M. le Baron de Goltz, Miniſtre Plénipotentiaire du Roi de Pruſſe.

M. le Baron de Sickengen, Miniſtre Plenipotentiaire de l'Electeur Palatin.

M. le Marquis Spinola, Miniſtre Plénipotentiaire de la République de Gênes.

M. de Pachelbel, Miniſtre Plénipotentiaire du Duc de Deux-Ponts.

M. le Comte de Bourbon-Buſſet, Maréchal de Camp.

M. le Marquis de Montmorency, Brigadier d'Infanterie.

M. Daugny, Aide-Major aux Gardes Françoiſes.

M. le Marquis de Mithon, Capitaine aux Gardes Françoiſes.

M. le Marquis de Caniſy, Sous-Lieutenant des Gardes du Corps.

M. le Comte de Maillé, Maréchal de Camp.

M. l'Archevêque de Bourges.

M. le Marquis d'Oſſun, Miniſtre d'Etat.

M. d'Offranville, Capitaine aux Gardes Françoiſes.

M. l'Evêque de Nancy.

M. le Baron de Pontlabbé, Colonel en second du Régiment de Piémont.

M. le Marquis de Talaru, Lieutenant-Général.

M. le Comte Dulau, Colonel du Régiment d'Aunis.

M. le Marquis de Mirabeau.

M. Dupré de Saint-Maur, Lieutenant aux Gardes Françoises.

M. de Mazancourt, Lieutenant aux Gardes Françoises.

M. De Cloys, Lieutenant aux Gardes Françoises.

M. le Comte de Miromesnil, Colonel du Régiment de Guienne, Brigadier.

M. d'Anselme, Lieutenant-Colonel du Régiment de Soissonnois.

M. le Chabrillant, Colonel du Régiment de Barrois.

M. le Duc d'Havré, Colonel du Régiment de Flandres.

M. de Caumartin, Prevôt des Marchands de la Ville de Paris.

M. le Duc d'Estissac, Brigadier d'Infanterie.

M. de la Varenne, Lieut.-Colonel d'Infanterie.

FIN.

www.ingramcontent.com/pod-product-compliance
Lightning Source LLC
LaVergne TN
LVHW020026170826
845678LV00001B/131

9782329770840